施琰博

别·说·你不懂客户 2

（成交技能提升篇）

剖析当下多种大众消费心理
培养优秀销售人员成功气质

解开阻碍客户成交真正谜团
改变销售思维攀登业绩高峰

人民邮电出版社
北京

图书在版编目（CIP）数据

别说你不懂客户．2，成交技能提升篇 / 刘瑞军著
．-- 北京 ：人民邮电出版社，2013.7
ISBN 978-7-115-31851-0

Ⅰ．①别… Ⅱ．①刘… Ⅲ．①销售－方法 Ⅳ．
①F713.3

中国版本图书馆CIP数据核字(2013)第094165号

内容提要

想要成交一定得有方法，客户的内心也可以通过不断沟通慢慢了解以致洞悉。本书从分析消费者心理、在细节中秒杀客户、与客户建立良好的互动关系、摸透客户的心理、处理客户异议、面对竞争对手突破围攻等方面入手，提供实用性方法和技巧达到与客户双赢的结果。提高自我锻炼和成长的技能，掌握销售人员必备职业素养；结合时下最新的心理学原理，如掌握互惠原理可以让客户有所得，必有所出；掌握从众原理，让客户认同销售人员的工作和付出，实现成交；掌握喜好原理，投其所好，让客户爱屋及乌；掌握权威原理，用无处不在的影响力投射到客户，促成成交等，增强销售人员的销售能力掌握销售成交的技巧，有效处理客户异议，努力实现销售目标，突破自我完成业绩。

◆ 著　　　　刘瑞军
责任编辑　王建军
执行编辑　赵　娟
责任印制　杨林杰

◆ 人民邮电出版社出版发行　　北京市崇文区夕照寺街 14 号
邮编　100061　　电子邮件　315@ptpress.com.cn
网址　http://www.ptpress.com.cn
大厂聚鑫印刷有限责任公司印刷

◆ 开本：700 × 1000　1/16
印张：16　　　　　　2013 年 7 月第 1 版
字数：229 千字　　　　2013 年 7 月河北第 1 次印刷

定价：36.00 元

读者服务热线：(010)67119329　印装质量热线：(010)67129223
反盗版热线：(010)67171154
广告经营许可证：京崇工商广字第 0021 号

PREFACE
前　言

客户“笑”的时候，你看不见他眼底的“愁”；

客户“醉”的时候，你捉不住他心中的“忧”。

别说你不懂客户；

别用你的“方式”去“读”客户；

别让交易轻易错过。

你是销售人员，你应该“懂”客户，应该让每一位客户成为你业绩的基石。

《别说你不懂客户》推出后，在业界引起了很大的反响，得到了众多企业管理者与销售人员的肯定和赞许，同时本人也收到了很多读者的来信。综合分析读者的反馈信息，很多人认为《别说你不懂客户》客观精辟地分析了客户的种种“怪异”现象，深入解读了销售人员在销售过程中的种种疑惑，让销售人员多年来积累的茫然得到了释放，对销售人员与客户之间的沟通及最后的成交起到了很好的帮助作用。此外，还有一部分资深企业管理者与销售人员通过信件，在赞许的同时又提出了一些中肯的意见，现列举一二。（为避免打广告嫌疑，特将来信人所在公司名称隐去）

城市：大连

行业：××地产开发有限公司

信件内容：我是大连××地产公司营销部经理李然，有幸读到了您的著作《别说你不懂客户》，感觉内容很有针对性，解决了我及我们团队长久以来对客户的一些疑惑与不解。但还是有一些问题需要向您咨询一下，在读懂客户的心理之后，我们该用哪些具体的方法应对呢？该怎么操作呢？谢谢您的指导。

城市：上海

行业：××汽车销售服务有限公司

内容：我叫李鹏飞，是一名汽车销售顾问，最近经朋友推荐读了您的《别说你不懂客户》，结合我这几年的销售经验，此书很适合当代的销售行业。但还有一些疑惑，比如我看出了有些客户在与其他竞品车型作对比，我该用什么有效的、合适的方法与客户沟通呢？需要注意些什么呢？希望得到您的赐教。

在读者的来信中，类似这样的问题还有很多。从信的内容中，我深深感受到了企业管理者及销售人员对业绩的向往以及对销售沟通能力提升的渴望。由于来信太多，本人不能一一回复解答，在此，向广大读者表示深深的歉意。

不过，为了解决读者所提出的问题，我结合多年的销售经验，参照众多成功企业管理者与优秀销售人员的工作笔记，并与他们一起探讨调研，甚至为了证明某些技巧在当代的实效性，与客户进行实战交流沟通，反复论证。最终，创作了《别说你不懂客户2（成交技能提升篇）》。本书是一部实用性极强的销售操作手册，希望通过此书，能够有效提高销售人员的工作能力，解决读者来信中所提出的问题及心中存在的疑惑，完善扩展企业营销管理人员的工作思路。

在此，也深深感谢为创作这本书而给予我很大帮助的史峰、秦卫红、吴林、邢建辉、李贝等人，感谢他们为本书搜集素材以及撰写部分章节。

同时，也热忱欢迎广大读者与本人进行沟通交流，共同探讨关于“客户”的问题。

交流邮箱：lrj3207778@163.com

刘瑞军

2013年5月

CONTENTS

目　录

Part 3 秒杀篇

Part 4 人情篇

Part 5 攻心篇

Part 6　异议篇

Part 7　竞争篇

Part 8　双赢篇

Part 1 原理篇

我们的宗旨：活用原理，只为成交

所谓“知己知彼，百战不殆”，销售中，“知己”重点在于“知心”，了解客户的消费心理，才能有效出招，有的放矢。行为是心理活动的外在表现，客户的心理状态往往会在行动上有所表现，所以读懂客户的心理是销售的前提。

互惠原理：客户有所得，必有所出

知识链接

大李得到妈妈的召回电话，说是做了他最爱吃的大闸蟹，让他早点回家吃饭。大李挂掉电话后，笑着嘀咕道："太阳打西边出来了，这么贵的大闸蟹，她可是从来舍不得买啊。别又是拿普通螃蟹骗我回去陪她吃饭吧……呵呵，我这可爱的妈妈呀。"

大李回到家，餐桌上果真摆放着一盘香喷喷的大闸蟹。

"妈，这次真吃大闸蟹啊？"

"那还能有假！快坐下尝尝味道怎么样吧。"

"嗯，好吃。"刚吸了一口汁，大李就忍不住称赞道。

"看把你馋的。好吃就多吃点吧。"

瞬间，一只大闸蟹就被大李解决掉了。也只有在妈妈面前，大李才会露出这般狼吞虎咽的孩子般的模样。

"妈，您也别忙了，快来吃，凉了就不好吃了。"说着，第二只也已经在开工状态中了。

"呵呵，多着呢。一箱才吃了这么几只，剩下的你走的时候都拿上，放到冰箱里，够你吃一阵了。"

"您买了多少啊？"

“这么贵，我哪里舍得买啊。这是免费的。”妈妈顿时喜笑颜开。

“真的假的？这不年不节的，不会是别人送的吧。”

“就是别人送的，就是和咱住一条街的那个小王，说是亲戚送得太多，吃不完，就给我们送……”

“他？妈，您怎么能收他的东西呢？完了完了。”

“怎么了？邻里邻居的，人家特意送过来的，你也爱吃，不要白不要啊。”

“他一直求我办事，我一直躲他都来不及呢，您这么一弄……唉，这下好了，拿人手短，吃人嘴软。”

点题

“拿人手短，吃人嘴软”讲的便是生活中人们对于互惠原理的使用。人总是这样，当别人给你什么好处，便自然而然地想着“是否需要回报”“如何回报”，等等。

销售中，如果可以让客户产生“回报感”，那么一切自然就好说了。

开篇导读

遇到别人请客吃饭，我们往往会想着“何时回请一下”，这是人之常情。正如自古至今的传统之说“礼尚往来”。

《礼记·曲礼上》中有云：“往而不来，非礼也；来而不往，亦非礼也。”

这讲的便是人与人之间的相互往来，别人友好待我，我也要友好回应；别人敬我一尺，我便要敬人一丈。但如果不对别人的行动做出回应，便是不合乎礼节的。

这一往一回间，后者（也就是回礼者）往往会比前者所给予的更多，相等或是较少便也是失礼。

销售人员如果能够成为那个先“往来”的人，那便会换来客户的“回礼”；而且相较于收益，所谓的付出也变得微不足道了。

原理解析

互惠原理在销售中的妙用，贵在利用客户在这一过程中的“亏欠感”得到了收益，如果没有回应，客户心里便会油然而生一种负债感。接下来，就会觉得也要做出一些行动作为回报，心理才能得到平衡。

案例分析

李尔所销售的产品是经济型的小牌洗化用品，在业务拓展上除了寻找一些零售商之外，她还兼顾开发其他用户，积少成多，以便增加自己的业绩。

她定位好一些民宿住宅区，挨家挨户地推销自己的产品，但人们对推销员固有的坏印象让他们对待门外的不速之客不是避之唯恐不及，就是冷漠相待，更有甚者直接叫道：“再不走我叫警察了啊。”

李尔不禁和同事抱怨说：“叫警察！我又不是小偷，也不是去抢劫，我也不会强买强卖，我刚拿出产品，还没张嘴说话呢。”

同事笑了笑说：“这些小区的居民才懒得听你推销呢，省点时间还不如直接到超市随意选购，也不差这点钱。”

“可是我们的产品好啊。”

“人家会把你当王婆！”

事后的几天，李尔一直在思考新的销售方法来突破这样的状况。

几天后，她再次来到一个住宅区，自备了一些检测肤质状况的仪器与一些小礼品，如洗化常识小手册、产品试用装（小剂量）、产品宣传单和个人定购名片。

打着的牌子是免费检测肤质，给予护理建议，每人还可获赠洗化常识与窍门小手册和产品试用装各一个，每份附赠一张印着“我就是您的洗化顾问”的个人名片。

一开始，过往的居民大都持观望态度，但只要有一个居民过来体验了，其他人便也放下心理戒备了，免费的午餐哪有错失之理？到后来人们排着长队进行检测、领取礼品。

过了一周后，李尔在小区内设点进行回访，这次她带来的有意见单、产品，有意见的留下意见，对产品感觉满意的可以选择购买其他产品。

这次李尔的收益颇丰，除了当日可观的出货量之外，还签了一笔定购单。这缘于该客户的妈妈皮肤十分敏感，咨询过李尔并用了李尔推荐的产品后，十分喜欢，向儿子提及后，专做住宅区超市并拥有几个连锁店的儿子便有了合作的念头。

市场激烈的竞争让许多销售人员精神紧张，见到客户就两眼发光，万分热情，正是这副“像是要吃人”般的模样让客户望而却步，护紧了自己的钱包，一来是怕禁不住蛊惑，二来是对这种“嗜利”现象的反感。

销售人员在生活中也是消费者，扮演着客户的角色，试想一下自己对那些主动靠过来的销售人员是怎么样的感觉，也就瞬间明了了。

案例中的李尔在明白这一点后，她并没有选择放弃拓展民宅市场，而是采取迂回策略，换一种新方法达到自己的销售目的。

“免费检测肤质，给予护理建议，每人还可获赠洗化常识与窍门小手册和产品试用装各一个，每份附赠一张个人名片”这是案例中李尔最终成功时所采取的手段，她的成功也是基于以下几点：

第一点、免费

免费检测肤质，给予护理建议。都说“天下没有免费的午餐”，当真正有免费的东西放在那里时，大多人都会蠢蠢欲动，观望是渴望得到印证，当目睹了他人真正获利后，便会卸下心中防线，马上试之。

第二点、赠送礼品

一本洗化常识与窍门小手册、产品试用装对客户是相当具有吸引力的物品，每人就算从长辈那里继承或是自我琢磨后养成了洗化习惯，在“专业”面前就会对自己产生一定的疑问。事实上，普通民众对日常洗化的常识的认识是有限的，不够全面，在追求优质生活的当下，人们渴望了解更多。再者，试用装也是真材实料，虽说剂量小，可是“不花钱”“白拿”，这也会让人们产生“用来试试又何妨”的想法。

于是，当人们欣然领受这两件礼品时，对随之附赠的名片自然也却之不恭。更何况，把名片带回来，就等于是把“洗化顾问”带回家，有什么问题也可进行电话咨询，有产品需要也可以打电话定购或团购。

免费！赠送！这便是销售人员的赠予，而一周后的出货量与定单便是回报。

一赠一予，这便是互惠原理的充分应用。

智慧点金

有时，产品还是那个产品，客户还是那个客户，换种有效的方法，那么销售战果就会呈现出“天壤之别”。

“进店有小礼”“先品尝后购买”等，这些都是货真价实地让客户得到了实惠，当客户拿到了礼物，或试吃试用了一番后，不掏钱购买，客户自己都过不了自己那关。

“互惠原理”是先让客户有所得，让客户从心理上有一种“亏欠感”，然后让客户“有所出”。

当然，使用这一原理切记不要让客户产生“有所得”就必须“有所出”的想法，客户只得不出，你依旧一如既往，即便客户空手而归，也为自己留下了好口碑。长远来看，受益何止一点？

从众原理：从社会认同到个人认同

知识链接

小杰很酷，在朋友圈里他可是出了名的“走在时尚前沿”的人，毕业后，他和大多数同学一样，手持各种证件与一沓的简历挤进了人才市场的大门。

几年后，几个大学同学再次聚到一起，小杰瞬又成了大家谈论和调侃的对象，与往年不同的是，不是说他“潮”，而是说他“土”。

“小杰，你简直太令人吃惊了。同学们多多少少都有了些变化，可数你差值最大啊。”

“是啊，刚他们还说‘要看今年流行，请看小杰’便知。你可让哥们儿太惊呆了，今年流行职业装啊？我可记得你曾经夸海口，这辈子不穿这土气的西服。”

“我就知道你嘴毒，哪怕迟到我也该回去换身便装。”说是换衣服，其实换来也是大众口味的便装，繁忙的工作与快节奏的生活已经让他没有过多的闲暇去研究时尚，久而久之，他的穿衣品位与喜好反而越来越接近大众化。以前喜爱张扬，现在却觉得低调点挺好。

“老师都改不过来你的毛病，谁这么能耐，给你扳过来了。”

“社会。在社会面前，每个人都很无奈啊。”

点题

这便是社会认同与个人认同的对战。当个人认同的事情与社会认同的事情发生矛盾时，社会认同的力量往往可以打倒甚至吞噬个人认同。

这就好像，当一个人说你不对，你坚持；当两个人说你不对，你仍坚持；当十个人说你不对，你便开始质疑自己；当一千、一万个人说你不对，你便认为自己真的错了。

社会认同的重点则在于社会的大多数民众会遵守和认同一些约定俗成的理念与认知，这个数量级何止是数百万、数千万、数亿呢？

于是，当一件事被社会认同时，往往便更具有说服力。

销售中，拿“社会认同”来说事，往往也更容易说服客户这个个体，从而认同你所想要让他认同的理念或产品。

开篇导读

个体做选择有时是无意识地就被影响了。就像到了入学年龄，同龄人都背着书包去上学了，你没有理由不去一样。有时候则是有意识地被影响，就像考大学的时候，热门专业总是受很多考生的追捧，但他们的内心是否对此专业真实了解或发自肺腑喜欢则另当别论。

商家非常清楚客户选择购买时极容易受到其他人的影响，就采取了很多营销措施，让客户不自觉地倾斜购物选择。

当你面前出现两个水果摊位，两个摊位贩卖的水果没有什么特别大的差别，一个摊位前排起了长队；而另一个摊位生意却冷清之极。大部分消费者宁愿排起长队等着买人多摊位的水果。这也就是为什么有些生意好得拦都拦不住，会越来越好。葛优的一句“我相信群众”就道出了人们愿意跟随大部分人的选择，随大流的趋势越来越明显。

“相信群众”相信的是“大部分都选择了，肯定错不了”，从而获得一种心理上的安全感和满足感。

去年还喜欢红色裙子，今年怎么满大街就都是蓝颜色的呢？别感慨你身边的人个个都是善变的主儿，善变的不是个人，而是周围的环境。谁让今年街上到处都是蓝色的倩影呢。如果流行是千变万化的，那追随潮流则是永远不会变的。如果穿前几年的款式上街，别人肯定会说你“老土”“OUT”了，各种轻视会让你有些颜面无存的感觉。然而，当再过几年，流行界又把这款带动流行了起来，那就是不同的概念了，名曰“复古风”，谁跟不上这股复古风，就是落后了。所以，在时尚界，流行什么，什么就是正确的。

“社会认同”的群体影响力对个人的选择倾向是无处不在的。当一个消费者去超市买东西，看到琳琅满目的商品，哪怕只买一瓶洗发水都会让客户挑花了眼，但最后放进购物篮的肯定是在电视上看过广告的所谓的知名品牌。为什么呢？因为很出名，大家都在买。

所以，我们经常能在电视某品牌的商品广告昭告天下中说“今年销量超过多少亿”“有几亿的消费者都十分依赖本产品”，等等。

用“大数据”说话，是为了给人一种信服感，告诉人们这是“很多人的选择”。潜台词就是在说：“如果这个产品不好，年销量怎么会这么大，怎么会有这么多人愿意购买？”

原理解析

个体之所以会被社会主导和影响，是因为个体本身也渴望得到社会认同，所以在意识与理念没有形成时，会以参考社会认同为主线，选择接近甚至跟随社会认同的事物。再有，如果本身已形成一些意识与理念，并且与社会认同发生分歧时，内心渴望被认同的感觉越强烈，就越容易不自觉地向社会认同妥协、靠拢。

案例分析

这天，闺蜜对小玲说：“帮我在网上买双凉鞋吧，天热，懒得出去逛街。”

“没问题，保你满意。”小玲爽快地答应了。

“有你这个网购达人做死党，真是太幸福了。”

用小玲的话说“网购”也算是她的特长之一，网上店铺千千万，她总是能找到既便宜，质量又好，满意度很高的商品。所以，一切需要她都能在网上解决，如吃、喝、玩、穿，甚至是车票、旅游、家具、家电都可以在网上购买，享受直接送货到家的便利服务。只要有一台能上网的电脑，不用跨出门一步就可以把生活所需品统统买回家。

当然，除非在她想要享受逛超市的乐趣时，才会暂别网购。

一两天的功夫，小玲帮闺蜜代购的鞋子就到货了，闺蜜试穿后喜欢得不得了，关键是价格还便宜，尺码也正，样式也十分漂亮。

“我是受了几次伤，真心对网购失望了。单看图片都是漂漂亮亮的，买回来根本不是那么回事。可我每次见你买的东西都挺好的。真是不佩服都不行啊。”闺蜜的语气中带着一半幽怨一半羡慕。

“呵呵，其实网购也没那么难，不过要说技巧也是有的。如看历史交易量，看买家评价。如果历史交易量很大，且评价很好，那一般情况都错不了。”小玲还真把自己当专家了，有模有样地传授着网购经验：“在网上买一件商品，最重要的就是先看看这件商品后面的评价怎么样，如果评价好了，说明前边已经有很多人替你实验过了，买的时候大可放心。如果评价不高，一般交易量也不会太高。再有，如果交易量超大，评价中有好有坏，那就是个人喜好问题了，你可以重点看一下历史买家抱怨的是尺码不准，偏大偏小，还是颜色不正等。不行就咨询一下客服，只要尺码对，颜色一般也差不了。”

闺蜜似懂非懂地总结道：“你的意思，总之一句话，‘跟着群众走’就对了。”

为了促进卖家的良好服务，现在的网购模式也更倾向于买家，根据买家给出的评价与分值来评判卖家的信誉度。商家本身并不能对买家给出的评价做出处理，如删除、更改等，这也有利于保障买家的利益，促使商家对售后仍提供良好的服务。

为什么商家会对买家的评价如此紧张？**原因一是评价好坏会影响网店分值与等级；原因二是每件商品的评价记录都是公开透明的，便于每位客户浏览，这对影响购买决策是不可小觑的**。

例如，一件商品销量刚好起步，评价栏里便出现了一些差评，说商品质量不好，是残次品，与图片反差太大等，那么销量便会大受影响。因为后来者看到这样的评价后，也会望而却步，同类型的产品有很多，对客户来说大不了再选其他家，哪怕贵一点也没有关系。

换而言之，如果评价栏里涌现出大量的好评，十有八九的买家都说东西很精致，是最满意的一次网购体验，那么销量也一定会与日俱增。而且，销量越多，好评越多，新客户也会越多，因为数据显示的是“大众认同”的产品。

除了网购，现实生活中的消费也存在这样的情况。例如，客户要选购一件从未买过的商品，也就是说没有这方面的购物经验，他就会从各个方面搜集关于这件商品的信息，不管是从亲戚朋友等渠道询问哪个品牌，还是上网查询众多网友的购物建议，多了解都会保证购买的准确度。所以，购买之前的征求意见是必须和必要的。谁都不想花钱买一次经验教训。征求意见，当然是选择相信大多数人的选择。

去一家豪华饭店吃饭，你还在纠结于到底要不要给小费呢？心想，给吧，太亏了，餐费里不是已经包含了服务费了吗？不给吧，如果别人都给了，会显得自己多吝啬、不大气。然而，不用你纠结，饭店已经准备好装小费的盒子，盒子里通常已经放着一些钱了，这时，你知道别人都已经给过了，来不及多想，不由自主地便会放进去一些。到此，至于这个盒子里之前的钱是谁放进去的还重要吗？

正是因为“从众原理”在人们心中的深入，所以一些商家的“请托儿”策略百试不厌，每每都有很好的效果。

智慧点金

把“从众原理”用到最妙之处，就是拿出“铁证”，如一些真实有说服力的数据、现场热卖照片等，这样便能加快客户个人的认同感和决策力。“从众心理”是人们的一个常规心态，尤其是对于那些犹豫不决的客户，当大众的选择亮在眼前时，他会觉得眼前的路一下子明亮起来，顿时有了方向感，即便内心有所怀疑是销售人员的策略，也不会过多计较，因为在他的内心深处，并不排斥这样带他走出痛苦而进行抉择的方法。

喜好原理：投其所好，让客户爱屋及乌

知识链接

面试结束了，这次面试的紧要任务就是招聘一名动漫设计人员。负责招聘的设计部总监对几位较为符合要求的应聘者进行最后筛选。

总监对动漫设计人员的要求非常明确，不仅电脑操作方面技术要非常过硬，而且主题的设计也要充满想象力。

进入最终环节的三个人不相上下，总监也为难了起来，在不知道选择谁好的时候，总监又拿出这几位应聘者的简历看了起来，他想从简历中再看出谁的条件更加优秀。

总监看到其中一个应聘者的简历上写的个人兴趣上有一项是研究古董，当他看到这里之后，就再也放不下这张简历了，因为，总监简直是一个古董迷。或许，这个时候他的选择已经很明确了。

没错，第二天总监就通知这个喜欢研究古董的应聘者进公司上班。

也许，你会说，作为招聘人士不应该这样感情用事，对另外两个应聘者太不公平了，但是，人有的时候真的很难说服自己的感性思维而理性起来。

也许，这位通过面试的应聘者并不知道自己的一项业余兴趣竟是他最后求职成功的关键。

点题

人们总是更容易与自己有着相同爱好的人产生亲近感；人们也总是对各自熟悉的东西有着特别的偏爱。

如果销售人员懂得利用“喜好原理”，寻找与客户的相似性，得到客户的好感，与客户建立融洽的关系，再对客户提出要求，客户就会比较容易答应。

开篇导读

你与朋友正在聊天，朋友谈论着自己的兴趣，而那正是你避之不及、不感兴趣的事情，而朋友对此却滔滔不绝，口若悬河，就算再精彩，恐怕你也听不下去。相反，当朋友谈论的事物正是你所感兴趣，并且是强烈感兴趣甚至有些痴迷的事情时，你的表现也会相当兴奋，主动迎合、插话，甚至频频打断对方，抢到话语权，在他人面前展现出自己独到的见解与看法。

销售也是如此，**客户对你的话表现出兴趣，并且能够主动参与进来，这便形成了一个良好的氛围，有助于进一步推动销售**。

朋友之间，对不感兴趣的话题，也许出于礼数，对方会耐心倾听下去；但如果是买方与卖方的关系，被奉为“上帝”的客户恐怕不会和你讲什么礼数了，没有兴趣便不值得再浪费自己的时间，哪怕一分一秒。

寻找客户的兴趣点显得格外重要。从职业为出发点寻找客户的兴趣，不失为一个好方法。当然，对很多人来说，并不见得是“干一行，爱一行”，相反，大多数人在生活的重压下，选择的并不是“我爱的行业”而是“赚钱的行业”，所以工作对他们来说只是一个赚钱养家满足自己生存需要的工具罢了。再有，即便进入职业之初是爱这份工作的，但长久的工作压力、职场失意与枯燥的生活往往会一点一滴地消磨掉内心的激情，剩下的也只是对工作的抱怨。

但不论爱也好，怨也罢，提及职业总比一些陌生的话题要亲切得多。例如，你接待的客户所从事的职业是导游，对方深爱这个行业，那就会对你大聊特聊旅游，因为人们对喜爱的事物总是会有些情不自禁的。

如果对方对这个行业无关爱怨，只是工作赚钱而已，那么以此为切入点也没错，一经聊起，也能够激起对方的兴趣，因为这是他所熟悉的领域，在你这个外行面前，他会为自己在这方面拥有的权威而感到骄傲。

如果对方痛恨自己的职业，那么，要引起话题上的共鸣也容易——与他一起“抱怨”，此时找的不是他的兴趣，而是“投其所好”，抚毛要抚顺，接触便会平滑许多。当然，不要站在外行的角度上去抱怨对方的职业，有些话平时也许不便对亲友讲，在陌生人或是无关痛痒的人面前发泄出来，对方也会舒服许多。

说别人喜欢的话题，这是良好沟通的一大智慧，屡试不爽。

当客户与你有“一见如故”的感觉，同样是销售人员，同样类型的产品，他便宁愿照顾你这个“投缘人”的生意。

原理解析

每个人都愿意成为谈话的主角，最有发言权的无非就是个人兴趣所在的事物，因为有兴趣所以才愿意花费心力去关注、研究、学习。当发现别人与自己有相同的兴趣时，内心“交流”欲望就会瞬间迸发，进而发表一些自己的看法，想要获得共鸣，也想要吸收一些新理念。当客户因此与销售人员热络起来，客户会感觉对眼前这个人越发喜欢，无形中对对方的信任感也会有所提升，对对方所销售的产品也会倍感信任。

案例分析

史密斯夫人已经在美国生活了20年，虽说已经习惯了美国的一切，可对故土英国伦敦的思念却从未停止过。

这天，夫人向刚下班的丈夫抱怨：“今天一个下午的美好时光都被那个保险推销员给破坏了，他不停地向我推销保险，天知道他都在说些什么，我只听到他内心想要从我身上赚到钱的声音，真是太反感了。”

又过了几天，丈夫下班后，夫人欣喜地向丈夫说道：“亲爱的，猜猜我今天下午做了些什么？”

“喝下午茶。这是你的习惯，亲爱的。”

“嗯，在这个美好的下午茶时光中，我给全家人都买了保险。反正买保险也是早晚的事。”

“我没有听错吧？你不是躲那些推销保险的业务员还来不及呢？你开始对那个保险推销员产生兴趣了。”丈夫对妻子的行为感到十分诧异。

夫人仍旧十分兴奋地说：“我们聊了一个下午，可是只有一小部分时间聊到了保险业务。其他时间我们用言语共游伦敦，那里的房子，那里的人，那里的交通，那里的街道，那里的艺术风格，那里的食物……仿佛家乡的一切就在我面前。为什么我不早点认识他？”

“哦，幸好他没在我之前认识你。”丈夫风趣地说道。

“但愿这会让你更加珍惜我。”妻子也不失美国式的幽默。

“女人就是感性动物，别人聊聊伦敦就卖给你几份保险。他应该庆幸他找的不是我。”

“你告诉我男人也不是理性的，上次买车，就因为推销员也喜欢冲浪，你就把预算价格提高了两倍。我应该庆幸保险推销员找的不是你，万一他也喜欢冲浪呢？”

案例中史密斯夫人所提及的第一个保险推销员是敬业的，但却是不得法的，开门见山，直表主要目的，十句话不离本行，自然只会引发客户的反感，让客户感觉“你的眼睛看着我说话，其实你的心眼在盯着我的钱包”。

女主人公所提及的第二个保险推销员是聪明的，他大概并没有直接长篇大论地与史密斯夫人聊保险，而是在夫人的下午茶时间进行了一番闲聊，从开头的几句闲聊中摸索并得知了这位夫人对家乡伦敦十分怀念，于是就像朋友般聊起了那里的一切，用言语的方式回忆起伦敦的点点滴滴。

女人大多数是不理性的消费者，能够让她心情如此之好，“早晚要买的保险”自然也会欣然买下了。

由此可见，卖保险不一定就要把保险挂在嘴边，离题是为了在营造一个良好的氛围后再次拉回主题。

当你与客户侃侃而谈你的产品时，也许你觉得你对产品的了解与阐述已是无懈可击，客户一定会被你娴熟的专业介绍所打动。但细心一看，客户似乎早已走了神，这往往是一个不好的预兆。这时，如果你看到客户整齐规律的办公室内摆放着一组高尔夫球杆，接下来，你知道该聊些什么了吧？

对客户“投其所好”，客户自然也会对你“爱屋及乌”。

智慧点金

投其所好博取好感。让客户愿意听你讲话，愿意发表看法，喜欢与你打交道，同样是花钱，花给你这个“投缘”人就比别人强。

将客户喜好与产品巧妙结合起来，使客户的兴趣产生转嫁，间接地对产品产生兴趣与好感。

对大客户要提前做功课，对小客户要细心摸索，察言观色，抓住客户的兴趣点。

权威原理：无处不在的影响力

知识链接

女老师拿到比赛流程与规格明细的时候不禁皱起了眉头，她这次是带学生来参加省级中学生钢琴演奏大赛的，提前拿到必选项目时，她才发现这次的难度确实比较大，节奏在手法转换上十分急促，对手指灵活度要求极高。

“老师，快轮到我了吧？”学生打断了女老师的惆怅。

“嗯，快了。放轻松，必选项目老师看了，一点儿也不难，以你的水平，绝对轻松过关！”女老师装作很轻松的样子给学生打气。她想：不能再给孩子施加压力了，不管输赢，也算是为孩子积累了一次经验。

当学生在台上演奏时，女老师的心紧紧地揪在了一起，可是令女老师感到十分意外的是学生演奏得很好，节奏也把握得活灵活现，评委们纷纷点头表示赞许。

紧接着另一位参赛学生上场，指导老师是位男老师，临上场前一直交代说：“千万别马虎大意，一定要记住两点：专心看曲谱，手指灵活些。这必选项目本来就难，你要再不用心，那就必败无疑了。”

学生忐忑地上了台。女老师安慰男老师说：“预赛时我听过你这个学生的演奏，技法很熟练，比我这个学生强多了，这个必选项目对他来说应该没问题的。”

不等男老师反应，台上便传来了一阵慌乱的演奏声，有些急促，有些凌乱，越错越乱，越乱越错，完全没了章法。

学生哭着下了台："太难了，我的眼都看不过来，手也弹不过来。"

"不要找借口！同样这么难，人家怎么能做到，你怎么做不到呢？还是你没用心，没有人家专注。"男老师批评道。

点题

其实，同样的曲谱，不同的结局，一成一败，差距并不是用心与没用心，而是一个轻松上阵，一个满腹压力。关键还是在于心态。

在学生看来，老师就是权威。老师说容易，学生自然觉得不会太难，心情放松了，便能做到心手合一，完美演奏；老师说难，一再施压，学生自然也觉得难，于是从一开始便否定自己，觉得自己做不到，越是这样就越容易出错。

权威，会让人信服感倍增。如果销售中能够让客户觉得你在这方面是"权威人士"，那么他会十分乐意听从你的举荐。

开篇导读

当你想要出去旅游的时候，一个导游朋友给你提出一些建议，你肯定会认真听取；当你想要买几本书来读读的时候，一个作家推荐你读哪几本，你肯定会遵照购买阅读；当你经受病痛折磨的时候，医生说让你打针，你绝无异议……这便是权威的力量。

人都有某一个或两个擅长的领域，在这里你是权威，但除了某一两个领域之外我们需要涉及太多陌生的领域，那个时候，其他擅长的人便是权威，他的话就比其他人更有分量。

电视上的广告经常被冠以"专家提醒"等类似的字眼，就是要给客户一种暗示——听专家的没错。

权威意味着对某个领域的了解要比一般人多很多，所以他的意见就会显得很重要。"专家"就是这样产生的。

销售人员在销售过程中就可以利用客户对“权威”的信赖来促进销售。当你向客户推荐商品的时候，不妨大大方方地告诉客户，产品是经过国家质量部门定期鉴定的；这款新品是经过某著名设计师亲力打造的。在这种情况下，也许某些还在迟疑的客户就会心动了。

原理解析

人在陌生的领域中会感到不安与迷茫，而权威的出现会让人安心许多，顿时有了方向感。因此，销售中的权威更多的是给对方一种“专业感”，让对方觉得专业人士的建议更有利于自己，甚至让人觉得“听君一席话，胜读十年书”般的受益匪浅。

案例分析

××品牌保健品刚进入市场，怎么样才能让消费者接受？怎么样才能在同类型产品中脱颖而出？这是打开市场的第一步。

首先，策划人员在社区内广发宣传单，邀请各位注重健康、养生的中老年人免费听课，并用特大字符标示出：×××是中医世家传人，家族世代行医，祖上曾是皇宫的御医。今特设讲堂，为了让更多人了解健康知识，科学养生，得到真正康体长寿之法。除上述之外，还特别标明，每位来听课的人都可以享受免费的身体检查。

此法果然吸引了很多中老年人，这也是他们所预期的消费群体，因为中老年人时间相对较为宽松，而且越老就越想拥有健康身体，所以免费体检与专家讲座对他们是极具吸引力的。

讲座之余，专家还详细地向听课者讲了这个保健品的成分含量，尤其适合哪些人群服用。当天可按折扣价购买。为了让听课者买得放心，还特地告知：保证是正规产品，在附近的一些医药超市均有销售，但价格可不如现在优惠。

有了专家的推荐，宣传与销售效果都比较好，不仅提升了保健品的知名度，也提高了销售量。

如果让这些中老年客户去市面上买保健品，也许他们会被琳琅满目的商品弄得眼花缭乱，不知道该从何入手，效果上也怕是营业员自卖自夸，不予采信。但如果是专家推荐，并且细致地为其分析里面的成分与含量，让客户产生一种信服感，购买时也比较安心。

人们买东西的时候都图一个心安，想让自己买的东西是正确的，小到一件衣服的款式，这样搭配是不是流行，是不是好看；大到买一支什么样的股票，是不是稳赚不赔，等等。各种各样的消费理念都需要指导。如何能确保自己的选择是万无一失的，这个时候，人们迫切地想要听听这个领域里的权威人士是怎么说的。如一些想买股票却不怎么懂的人会四处向亲友打听："你认不认识一些股票方面的专家，我想请教请教。"

当权威人士站出来，那他的话就句句有理，字字铿锵了。

再者，拿权威示例也是一个有效的方法。例如，一个人想买车，销售人员告知："著名的赛车手×××，他在日常生活中选择的就是这款车。要知道一个赛车手对车的要求是十分高的。"

智慧点金

信奉权威，是为了增加保险系数。每个客户都有这样的心理需求，每个客户在专家面前都是学生，渴望从强者那里汲取新的知识。打出权威这张牌，可以有效地打消客户的疑虑，缩短沟通时间，提高工作效率。

短缺原理：得不到的更想要

知识链接

路边有个看上去40多岁的中年男子，从打扮上看好像是从农村来的。他的面前铺着一大张报纸，上面又铺了一小块布，布里包裹着一个个头不大的小玩意儿。

男人也不叫喊，眼神中带着些忧伤与犹豫。

“哎，你这是卖的啥东西啊？就这么一个小不点，也不叫卖，怎么会有生意啊。”一个30岁出头的小伙子路过时好心地提醒道。其实也就是闲来无事，想凑个热闹。

“我还在想该不该卖。”男人仍旧是一脸的纠结。

“怎么个意思？”

“这是我家的传家宝，祖上是为皇宫打造青铜器的，为了给后代留个念想，才造了这么一个巴掌大的青铜小兽。以前有个外地人打听到我家，说想花5万元买走，我爸没卖，后来又一直加价，10万元、20万元，我爸都坚持不卖。我爸是千叮咛万嘱咐，这是祖上传给后代的，世上就这么一个，必须代代传下去，不能从我们这两代手中断了。”男人拿起所谓的“传家宝”，又是一阵端详。

“是吗？这么神啊，那给我看看呗。”小伙子拿了过来，仔细地看了又看。

"你看这做工，多精细啊。在当时都以造大器为主，这么小的根本不多见。你想啊，造这个青铜小兽能干啥，当摆设都不显眼，起不了啥作用。"

"那你为啥要卖啊？"

"我也不想啊，可是我爸病倒了，现在医院看病太贵了，我们这农村家庭支付不起啊，一天有时好几千，我一个月工资都不够的。所以我就想着这个不是值10万元、20万元吗？可是当时我爸把人轰走了，我上哪儿找那个人去啊。所以我就想来这城里看看有没有懂行的人。可真等我往这一坐，我又犹豫了，我爸要是知道我把传家宝卖了，不得气死啊。"

"老人的命要紧啊。百事孝为先嘛。"小伙子对手中的宝贝似乎已经有点爱不释手了。小伙子心想，有人肯花10万元、20万元买，那肯定是稀世古董，全世界可只有这么一个啊，说不定一转手，能卖上几百万元呢。

于是，几经商讨磨合，小伙子最终以8万元淘回了这件宝贝。

小伙子走后，中年男人也走了，到了另一个街道路边，还铺上那张报纸，还是那块小布，接着他从包里又拿出一件一模一样的看似青铜兽的小玩意儿。那包一掀开，满满的全是那小玩意儿。

点题

很显然，这是一个骗子。骗子利用的正是"短缺原理"，利用人们对稀缺东西的关注程度和占有欲。太普通的东西或者大量存在的东西对大众来说心理反应也相对理智、平稳，甚至并不会放在心上。而"全世界只有这一个"的字眼会迷住很多人的心窍，这就是"短缺原理"在人们心中产生的影响力。在销售中大可抓住客户的这种心理，让客户对你的产品爱不释手。

开篇导读

鱼翅、燕窝不是因为多有营养而叫价甚高，而是因为稀少、难得。人们之所以愿意花大价钱去吃这些用鸡蛋等价格便宜便能替代的东西，目的就是“吃稀罕”。

花钱买稀罕的不仅仅是这些，在生活中有很多，如淘古董、买钻石等。

人的行为就是这么奇怪，其实都是心理在作怪。

当你告诉客户：“这件商品随时买随时有。”那客户肯定不着急成交，反正总是有的，而且如此普遍，会不会显得太平庸了，不妨再看看其他产品，多比较比较。

于是，一旦错失了客户，再回头恐怕就难了。因为你不知道下一个销售人员会用什么方法将其留住。

如果你告诉客户：“这是限量版，卖完就绝版了。”这是“货品短缺”。

如果你告诉客户：“这款很快就风靡全球了，现在穿那叫时尚，等真正流行起来了，人手一件，那你穿着还有引领潮流、万众瞩目的感觉吗？”这是“时间短缺”。

如果你告诉客户：“今天是活动的最后一天，明天就要恢复原价了。”这是“价格短缺”。

如果你告诉客户：“前100名购买的客户可以获赠超值大礼包。”这是“名额短缺”。

……

心动了，才会行动。从根本上能够触动客户心理的人，才是真正的业绩之王。

原理解析

“物以稀为贵”这是人们的普遍认知。如果“这个东西我有，而别人却没有”，那内心的优越感与自豪感会油然而生。销售的“稀有”则可以定义得更广泛一些，时间上、价格上、存货上的稀有都会让客户产生紧张心理，怕自己没能抢到这难得的价格与产品。

案例分析

一个满身名牌的贵妇来到一家名品商店，她在皮包区左看右看，似乎是想买个皮包，但却没有找到太合心意的。

这时营业员走了过来，主动向其推荐说："女士，我们最近有刚上的新款，我觉得特别配您的气质，您不妨看一看。"

女士顺着营业员所指的方向看了看，那个包包虽然在摆放上要比其他的皮包讲究许多，但女士显然没有营业员预期的那种神采。

于是，营业员接着说道："这是由意大利知名设计师××设计的，同时它也是意大利著名工匠×××的告别之作，他宣告自此退休。这款产品由他纯手工制作，所以是限量发售，全世界只有30个。中国代理区只拿到了5个名额，昨天刚上架，已有3个被预订了。"

此时，贵妇的眼中顿时绽放一道光彩，拿起包来试了又试。

"这款包再过几天，恐怕就算到国外买也买不到了。"营业员继续说道。

"好吧！给我包起来吧。"贵妇爽快地刷卡结账。

……

过了一会儿，又来了一位中年妇女，在打折区看了许久。但因为是旧款，所以也不太满意。

"女士，今天是我们分店店庆，所以特别拿出三个新款皮包打折，而且打折力度也蛮大的。您可以看一下，这是今年最流行的款式，原价要一千多，打完折才几百块钱。您如果明天来，它就恢复原价了。"营业员手指着三款皮包说道。

中年妇女似乎越看越满意，爽快地结了账。

案例中的营业员的两次成交都得益于短缺原理的运用。能够中"短缺原理"套的客户，有以下两大类：

一类人是花钱买乐意，这类人往往不在乎价格

什么活动最后一天，什么前100名可免费领取超值大礼包，对于他们来说钱能够买到的东西，根本不在乎。他们要买的是优越感，不是谁都能吃得起、买得起的。当然，这类人如果你告诉他这件限量版商品全世界只有200件，他一定急着想要做这全世界几十亿人口中的前200名。

另一类人是便宜占有型，最在乎价格或是一些其他利益

价格短缺、名额短缺对他们来说最有吸引力，尤其是看到原价与折扣价的巨大差距，知道"明天就要恢复原价"，心里的购买欲就变得尤为迫切了。

短缺容易激发客户的占有欲，也许，这个东西本来对他来说就不需要，可是当听到说截止期限马上就要到了，也会先买了再说，说不定什么时候就用到了，现在这么便宜不买，买的时候恐怕会后悔今天没买。占有欲一旦被激发出来，客户们往往会自我说服——"这样的好事又不是天天有"。

智慧点金

短缺原理，很多时候是在激发客户的占有欲、紧张感、冲动欲，很多时候，这张牌一打出来，不用过多唇舌去游说，客户已经在心中做自我说服了。人都有贪便宜的心理，也有"挑挑、拣拣、货比三家"的习惯，"限时""限量""限名额"往往可以营造短缺气氛，帮助客户尽快下定决心，不再犹豫。

Part 2 奇招篇

我们的宗旨：奇招、险招，有用的就是好招

俗话说：久病成医。买家做得久了，也自然就摸清了卖方的惯用伎俩与套路。所以，对那些销售老手们来说，不妨另辟蹊径，不走寻常路，用一些闻所未闻、见所未见，或者说令人始料未及的方法。这就是所谓的“出奇制胜”。

软威胁——善意提示“不买才是损失”

知识链接

“你不好好吃饭，妈妈就不带你出去玩了，下午也不许吃零食。”妈妈对只有3岁的小女儿说道。

“不，我不要吃饭，我就是要出去玩，要买零食吃。”小女儿坐在地上一边哭，一边闹着说道。

“坐吧，把衣服坐脏了，不但不能玩，也不能吃零食，还会被别人笑话说‘这是谁家的脏孩子，一点也不漂亮’，其他小朋友也不爱和衣服脏脏的孩子玩。”妈妈继续说道。

女儿看到妈妈如此坚定，小脑袋里对妈妈所诉的各种后果思考了一番后，乖乖地站了起来，与妈妈讨价还价地说道：“那我吃饭，这次我听妈妈的，下次就轮到妈妈听我的了。还有，我要穿漂亮的衣服。”

点题

这里的“威胁”并不是让人因恐惧而被迫改变，而是因为害怕失去某种自己可能得到的利益。人们都怕受到“威胁”，善意的“威胁”会更让人心甘情愿地去改变自己原来的主意。

销售中如果也可以将“威胁”巧妙运用，从侧面让客户感到内心紧迫，从而害怕失去利益，受到损失，那也不失为一种出奇制胜的好方法。

开篇导读

“威胁”本身是形容一个“恶意”的行为，但生活艺术家们俨然把它运用得灵活化了，“威胁”也成为了一门生活的艺术，可以转“贬”为“褒”。生活中从来就不缺这种“善意的威胁”。

例如，情侣之间的调侃——

“你再这样，我就不理你了！”

“你敢看别的女人试试，信不信我会让你再也见不到我！”

“你再犯同样的错误，后果自负！”

……

“威胁”更多是依附着一种假设性情况，**假设你怎么样，那么你将会得到怎么样的后果**。

所以，“威胁”也是一道“选择题”，给你一种坏的假设，是希望你可以往好的方向去选择。

当然，哪个是好，哪个是坏，如果销售人员能够给客户一个定义，并且让他对消费深信不疑，就能够让客户按着自己的意愿走，选择自己灌输的“好的选择”。

趋利避害的心理让客户都会倾向选择对自己有利的事情。

就好像保险推销人员，他们在推销产品的时候往往会用很多假设的情况，从而让客户在心理上感觉“哦，原来我每天都生活在水深火热之中，天灾人祸每天都在发生，下一秒，这所谓的生命威胁是不是就真的应验了呢？”当客户这样想的时候，销售人员就可以很快展开后序工作了。不仅客户，很多人都害怕受到某方面的损失。所以，销售人员此时的“威胁”就很有用了。

原理解析

“威胁”原理就是利用客户害怕失去某种利益的心理，在了解产品的基础上，分析客户的真实需要，从而提醒客户可能产生的某种潜藏隐患。销售人员利用巧妙的提醒，让客户迅速购买商品以减除这种恐惧。

案例分析

小李是××品牌汽车4S店的售后维修人员，这天，他接待了客户杨先生。杨先生的车子并没有太大的毛病，只需更换一个小小的刹车片就可以了。

“啊？一个刹车片就这么贵啊，我有个朋友，人家换个刹车片才几十块钱。咱这里有没有便宜点的刹车片啊？”

“杨先生，我们4S店只出售原厂配件，不提供那些副厂或是小厂生产出来的零配件。”

“原厂配件比副厂配件好在哪儿啊？贵这么多！”杨先生忍不住发牢骚。

“用料与做工肯定是不一样的。就好像手机电池，原装电池总是比单配的电池要贵，因为它更耐用。”小李解释道。

“现在使用非原装电池的手机太多了，不也正常用？最多坏了再换一个，反正也不贵。一个原装的，能买好几个非原装的了。”杨先生辩驳道。

“这点我承认，如果是我的手机电池坏了，我也觉得用非原装电池也没关系。但汽车配件就不一样了，我一定会用原装的，尤其是刹车片，它关系到我及家人的安全。您说呢？”小李最终抛出来安全隐患这个问题。

“可是，也有很多人用小厂配件也没出啥问题啊。”

“只是您听到的因刹车不灵出事故的报道不多，我们天天做维修的还不知道吗？遇到多少起了，还不是因为车主使用了便宜货。”

“你们当然是王婆卖瓜自卖自夸了。”杨先生打趣道。

“杨先生，再便宜点的小厂配件我们这里真的没有，您可以选择去其他维修店安装。只是需要提前声明，如果日后因为刹车片问题发生什么事故，我们是不负责的。”

“算了算了，车都买了，还在乎这点钱嘛。就当是花钱买安心了，谁不惜命啊。”短暂的思考后，杨先生终于还是决定换上原装刹车片。

每个人都想生活在安全的世界里，没有谁愿意被威胁，对享受“上帝”待遇般服务的客户自然更不想在“威胁”下买东西。

但是，如果可以让对方感觉到“威胁有理”，在“威胁”中能够让自己认清利弊关系，那自然不会因为威胁而产生不悦感了。

智慧点金

销售中的“威胁”原理重点在于“软威胁”，千万不可来硬的，硬生生的威胁即便让客户意识到“如果不买会失去什么”，也会因为心中不悦而放弃购买。

威胁原理在销售中的成功重在抓住客户真正在意的利益点是什么，以此作为威胁往往能够“直击要害”。

适当示弱——让客户不忍心为难你

知识链接

给王先生送家具的时间已经过了，可是还没送到，他很生气地来到家具城找商家理论。

王先生说："按照合同，你们要赔我违约金。"

营业员不断道歉，但是王先生置之不理，直到店经理过来。

经理说："这个送货时间是营业员给您的承诺，按规定要赔偿您违约金，不过我们店内不负责赔偿，所有的责任都由营业员承担。你看她也是一个打工的，一个月辛辛苦苦的工资也没多少，要赔偿您，她这一个月也就白忙活了。"

此时，营业员也顺势做出委屈的表情，向王先生说道："王先生，实在对不起，我一个月就那么点工资，我保证货一到立马给您送去。"

王先生见此情景，觉得这个员工也不容易，觉得如果再要求赔偿显得自己太咄咄逼人了，没有一点儿同情心，好像冷血动物一样，问题也没那么严重，还是算了吧。

点题

销售过程中客户与卖家之间不可避免地会出现各种各样的纠纷问题，作为销售人员要以客户为上帝的心态为其解决问题，要让客户感受到你内心的真诚，客户也会有一种同情心理，很多问题就顺势解决了。

开篇导读

我们买东西也会遇到这种问题，卖家没有达到我们期望的要求，我们会很生气，要让卖家做出赔偿和让步来安抚自己的愤怒情绪，但当对方苦苦哀求时又会心软下来，自己做出了让步。

就像王先生“觉得如果再要求赔偿则显得自己太咄咄逼人而且没有同情心”，每个人都不想给别人这样的感觉，因此一般都会做出让步。

客户买东西，主要看重的就是产品质量和售后服务，因此，当因销售人员在销售过程中出现问题的时候，销售人员的态度只要能让客户感受到诚心，客户也会心软下来，不会再提出过高的要求。

客户因为有了同情心理，就会做出自己的让步来解决问题。其实我们都有同感，买东西的时候，如果有什么地方让我们产生不满，只要对方的态度很诚恳，我们都会原谅。就像案例中的王先生对产品很满意，只是因为送货时间稍微不满，此时，导购利用求同情心向客户道歉，客户都会接受。

原理解析

客户都有同情心理，会于心不忍，在解决问题的时候，销售人员利用客户的这种心理，让客户做出一定让步，客户也会放宽自己的条件，主动做出让步，问题自然能够很快解决。

案例分析

小冰今天到超市购物，买完生活用品，本无意再买其他东西，但想还有时间就闲逛一下吧。小冰走在繁华的商贸街，左看看，右看看，这时透过橱窗看到一件漂亮的外套，她抱着随便看看的心态便走了进去。

营业员见她眼光落在那件新款外套上，就顺势说：“小姐，这是我们今年的新款，您要是喜欢就试一下吧。”

小冰说：“不用了，我只是看看。”

营业员又说：“没关系的，试试又不要钱，买不买都没关系的。”说着就把衣服取下来了。

小冰想既然已经取下来了，反正闲着没事，试试就试试吧。等小冰穿上之后，大小合适，就是还缺一件合适的内搭衣服相配。

这时小冰本打算脱下衣服离开，谁知店内几个营业员全部跑过来说：“好看好看，要是再有一件相配的内搭小衫就更完美了。”

于是店内所有的营业员开始忙着找合适的内搭，一件不合适就再换一件，就这样，店内的营业员忙忙碌碌了好半天，终于配了一件整体效果都比较好的。这时小冰已经不好意思再说不买了，就迷迷糊糊地把那两件衣服全要了。

走出店门，她才意识到，今天她本无意买衣服的，谁知自己到底在想什么呢。

想必很多人都有过这样的经历，本无意买一件商品，最后却因卖家周到热心的服务而感到不得不买，就像案例中的小冰，当她看到店内所有的营业员为了她跑来跑去不停忙碌，她自己觉得如果不买就太不好意思了。

很多时候就是这样，例如，你去买一双鞋，营业员一会儿给你找不同的花样来试穿，一会儿找不同的尺寸试穿，还亲自蹲下来给你绑鞋带，等等，都会让你感到即使不买这双，也会一定在这家店买点东西再走，要不然就太不好意思了。

就像有次陪朋友去买明星海报，店主把那厚厚的一摞海报一张张从头翻到尾翻了一遍，不过还是没找到朋友想要的，可是朋友又不想买其他明星的海报，但又想店主花费了那么长时间帮他找，心里感觉很不好意思，于是就在店里挑了一样其他东西才走。这就是明显的客户在心理上深感过意不去的一种亏欠心理。

销售人员如果把本来买一件商品的客户影响为买两件或者更多才离开，把本来不买商品的客户影响为最后买了自家商品才离开，除了要有引导客户的能力之外，还要有不厌其烦的热心服务，让客户感受到销售人员的真诚，客户也会因此感到自己接受了别人的服务，会以买对方商品作为补偿获取心理上的平衡。

智慧点金

把自己处于弱势局面公布公开，目的在于激发客户“不好意思”“不忍心”的心理。再者，销售人员放低姿态，把客户放到一个高的位置，让客户感受到你的诚心，会很有利促成销售。

真情实感——欲成交，先让客户交心

知识链接

一对恋爱三年的恋人要结婚了，男女双方坐在一起商谈起了结婚事宜。谈到结婚戒指时，男女双方便产生了一些分歧。

女方代表表示："那天他们小两口已经看中了一款戒指，价格2万元。也不是太贵。关键是新娘子一眼就相中了，戴上也很漂亮。"

男方则表示太贵了，花2万元买一个小小的戒指，太不实用，还不如买一些家电来得实际。

"大海，你怎么看？"女方姑姑问新郎。

"确实有点贵……"男人的声音小得几乎让人听不见，大概也是怕女朋友生气。

女朋友生气与否不知，姑姑是生气了，大声说道："花几万元买个戒指，你看着套的是她的手指，套牢的可是她的一辈子。而且结婚是女人一生中最重要的一件大事，戒指是见证爱情、婚姻的重要信物。人家卖戒指的广告词说得多好，爱她，就给她想要的，不是吗？再说，难得她对那款戒指一见钟情，试戴了一下还特别合适。"

"以后来日方长，等我们条件好点了，想买多好的就买多好的。"男友信誓旦旦地说道。

“那意义就完全不一样了。婚后买得再贵，它也不是见证你们从爱情步入婚姻的那枚戒指。再有，我们作为娘家人，现在不是在讲钱，而是透过物质想要看看你作为一个男人的担当，你能做到什么程度的担当。如果还没结婚就说先委屈着，那婚后……”没等姑姑把话讲完，男人就把话抢了过去。“阿姨您别说了，我不会委屈丹丹的，我既然说娶她，我就会努力给她最好的生活。您说得对，结婚戒指不能补，要一步到位。一枚戒指如果我都负担不了，那我拿什么给她幸福？！”

点题

平常人家结婚时再普通不过的场景，你争我吵的，像是一场谈判，也像是一场战争，最终以什么样的方式达成共识，就要各凭本事了。

人都是爱面子的，都想在公众场合表现自己，尤其是男生，都想在公众场合为自己赚足面子才能满足内心的自尊心和虚荣心。所以，一听到“担当”二字，男人就巴不得立刻挺起胸膛，让所有人都看看自己是个顶天立地的七尺男儿。

销售中，我们也大可抓住这一心理，巧妙地从侧面用真情实感说服客户，让他们交心，让客户为了捍卫自己的自尊与骄傲而大手一挥，果断成交。

开篇导读

每个人心里都住着一颗隐形的心——自尊心。自尊心越强的人，就越是无法接受来自外界的侮辱与歧视。所以，它也可以说是人潜意识里的一种欲望，渴望被尊重、被重视，甚至被敬仰，被崇拜的一种欲望。越是想要得到别人的尊重，就越是要自己先尊重自己，此所谓自尊。

生活中的很多人，把自尊看得比一切都重要，宁愿丢饭碗、丢感情也要维护自己那小小的自尊不受伤害。

例如，当一个男人被别人说“你是不是男人啊！真窝囊！”这无疑是最伤自尊的；当一个女人被身边的好友说“你不会从来没被人追求过吧？”“你不会还在用十几块钱一瓶的便宜货吧？”这是会让女人顿觉无地自容。

当人们感觉到自尊心受到了伤害，就本能地想要维护，男人自此恐怕更狠心地想要崛起，女人恐怕更注重个人魅力与生活品位了。

人都是会有失去理智的时候，谁让人是带有感情的动物呢。在客户消费中，决定购买的瞬间大多是人的感性思维在起作用。

古往今来，卖家一直在与买家玩心理战术。“客户是上帝”，就是把客户捧到一个很高的位置，从而满足客户的自尊心。客户在愉悦的情况下，是容易产生购物冲动的。当然，这是最为普遍的做法。当客户已然对此麻木，此法不奏效时，不妨试试反作用力，在适当的时候，对客户说一些适度的刺激性语言，让客户感觉到伤自尊了，或者是怕伤自尊，而会花钱买自尊。

这一种应用在销售上的激将法重点是一定要适度，要学会观察客户，通过客户的穿着打扮和言谈举止而去判断客户的类型，如果是自尊心比较强，在别人面前有很强的表现欲的客户，适度的言辞刺激才会有预想的效果。

原理解析

人都有很强烈的自尊心，并且想要自己的自尊心得到满足。一旦得到了满足，就会有一种优越感。当这种心理占上风的时候，其他一些造成犹豫的因素就会顿时弱化了。人把自尊看得比钱要重要得多，所以我们要做的就是激发客服的“好胜心”，从而让客户心甘情愿“花钱买自尊”“花钱买优越感”。

案例分析

一位打扮时髦的女士去商场买包，她在一家店看了好几遍，却因价格问题与营业员不能达成交易而迟迟不买。

女士说：“我感觉价格太贵了，能不能给我打低点折扣，你要是不给我便宜点儿，我就不买了。”

营业员看得出来这位女士十分中意这个包，不然也不会一遍遍地看，爱不释手。所以便坚持原价，并说道："我们这都是明码标价，而且一看您就特懂时尚，这一款是新款，卖得特别好。要说那些工薪阶层买不起这也正常，可是像您这么有品位的高阶人士都嫌贵，我们这包还能卖给谁呀。"

女士顿时挺了挺腰板，有些辩解似的说道："我倒不是在乎那点钱，我只是觉得它不值那个价。"

营业员听后顺势说："名品与普通货的区别就在这里，普通货针对的是大众、工薪阶层，名品针对的就是不在乎钱的高阶层群体。"

听到这里，这位时髦女士也不好再说什么了，如果再斤斤计较这一点差价，显得太没面子了。于是，她故作大方地拿出卡，一边说道："包起来吧，刷卡！"

销售人员看到"伤自尊"这几个字，肯定没想到能用在客户身上，如果伤了客户的自尊，那岂不是意味着得罪了客户，单子肯定就飞了。这种得不偿失的事情谁会做？

这就要看销售人员在实际运用中所把握的"度"了，恰到好处的"伤自尊"，可以让对方自然而然地以成交来维护、挽回。但如果伤得过了度，那恐怕客户会告诉你"我有钱也不会花在你这里，哪怕去别处买更贵的"。

尤其是女性客户，往往在购买时多生犹豫，异议颇多，总是下不定购买的决心，此时，销售人员就可以用适度的带有刺激性的语言来激发客户购买的决心。

就比如案例中，销售人员讲的一番话"要说那些工薪阶层的买不起这也正常，可是像您这么有品位的高阶人士都嫌贵，我们这包还能卖给谁呀"。如果自己也说"买不起"，那岂不是被销售人员给看低了？

再有"名品与普通货的区别就在这里，普通货针对的是大众、工薪阶层，名品针对的就是不在乎钱的高阶层群体"这句话，顺着女士"不在乎钱"的说法，让女士觉得再还价就显得自己没见过世面。在这位女性客户看来，销售人员的话无异于"这就是给富人开的店，买不起别来呀"，这是让骨子里就好胜的女人们最无法接受的。于是，她就是要摆出贵富的姿态——让你看看我差钱不差钱。

客户就会因面子问题而购买了某种商品。销售人员就是利用客户都是有自尊心都是爱面子的心理达成了交易。

智慧点金

“伤心”肯定是一定程度上伤了客户的自尊，所以应用这个方法的时候“适度”很重要。销售人员一定要学会言辞的巧妙表达，激怒客户，固然鸡飞蛋打，不疼不养也是达不到效果的。要把“伤”掌握在“不激怒”与“不服气”之间。让客户感到有点“小伤自尊”，进而有些小不服气，就刚好到火候。这条策略往往在价格异议中效果最为显著。

步步紧追—— 一口气签下单子

知识链接

一对夫妻是典型的“吝啬鬼”，爱占便宜，夫妻俩从来不会借给别人东西，却总借别人的东西，而且只借不还。所以，村里的人只要一见到这两口子上门就敬而远之。这对吝啬夫妻到处借不着东西，见李老汉憨厚老实，便一次次地去借，扁担、锄头、菜刀……这些东西均是一去不回。

这天，这对夫妻又来借牛耕地。李老汉说什么也不借了，借口说自己的地还没有耕完呢，可是却不禁那对夫妻咄咄逼人。

“这都第三天了，您的地耕完了没呀，我们这地也急着耕呢。”

“啊？让我们借别人的？不行！我们都等你这么多天了，况且就咱两家交情好，我们就借定你的牛了。这邻里邻居的，你还怕我不还你不成。”

“我看您都耕完了怎么还说没耕完呢，不会是撒谎骗我们吧？明天，明天我们就来牵啊，就这么说定了啊。”

就这样，李老汉的牛又被借了去，果真也是一去不回。每次去要，总是回应说：“用完我能不给你吗？白费我们家那么多干草喂着呢，费时费力的。”

李老汉实在没辙，便与人诉苦，这人是村里最精明的一个人，他听后笑了笑说：“这种人，我有办法对付他。”

“什么办法？”李老汉顿时来了精神。

这人得意地笑了笑说：“四个字，以牙还牙。”

李老汉一脸狐疑。这人接着说道：“他是怎么借走的，你就怎么要回来。你也来个咄咄逼人。”

后来，李老汉每天都去这对夫妻门口吆喝——

“我的牛用完了没？用完了我可要牵走了。”

“还没用完啊？我这牛被你们牵走这么多天了，我这心放不下啊。”

“我看你们的地都已经耕完了啊，今天再借给你们一天，明天我可一定得牵走了啊。”

果然，夫妻俩无奈之下，一边骂着李老汉小气，一边还是把牛给还了。

点题

步步紧逼的方式会让人心里有种紧迫感，从而没有时间做更多理性的分析。一旦感性思维占了上风，人们就很容易因为外界因素而做决定。

客户买东西也是一样，都想面面俱到，把各方面都考虑清楚再购买，以增加他们内心的满足感。而世界上的完美是不存在的，最好的情况也就是接近完美，所以，当你的客户犹豫不决，被自己的完美主义所困扰的时候，不妨试着拿出咄咄逼人的气势吧。

开篇导读

通常，对于销售人员来说最为顺利的情况就是客户对产品本身及价格都满意，绝大多数客户在这种情况下会欣然买单的。

当然，也有一些客户在购物过程中是慎之又慎，即便对商品各方面比较满意也还是迟迟下不了决心。更有一些客户恨不得一劳永逸，如家具、家电等，恨不得耐用一辈子。

他们的小心思就是：要不要再货比三家看看，看这一家是不是以最低的价格买到最好的东西。

这个时候，如果任其到处比对，保不准这些客户就被其他商家“劫走”了。

在遇到这种客户时，**销售人员万不可一再忍让，争取促成成交，否则客户一旦出了门恐怕就再也回不来了**。

很多时候，客户不是不满意你的商品，就是想再考虑考虑，再货比三家，这时销售人员不妨就像挤牙膏一样，把客户的疑虑全挤出来，让他自己都觉得“无可挑剔”“买了算了”，逼到这份上，他不买都觉得不好意思。

原理解析

“步步紧追”就是咄咄逼人，让客户说出所有的顾虑与担忧，然后为其一一解决。直到制造出这种氛围——既然都没问题了，还磨叽什么呢？不用销售人员问，恐怕客户就要扪心自问了。

案例分析

汪女士最近一直在关注各楼盘的开盘信息，为了能买到一套各方面都让人满意的房子，她从不错过任何看房机会，几经比较后，汪女士将目标锁定在了一处各方面都比较满意的新楼盘。

售楼部的置业顾问带着汪女士去看了样板间，还实地看了毛坯房，汪女士对户型等方面表示十分满意。于是，售楼小姐便微笑着说：“您看的这个户型是所有户型中卖得最快最好的，这个户型的采光通风确实比其他户型要好，特别适合老人小孩居住。您看我们现在是否就可以签合同？您是全额付清还是按揭？一会儿可以给您列一个单子出来。”

“啊？这么快就要签合同啊？”一听要交钱签合同，汪女士显得有些犹豫了。

“您还有什么不满意的地方吗？”

“那倒没有，今天签合同太仓促了，我还想过几天带我的家人一起来看看呢。”

“这样啊，那您可以先交个定金，这样这套房子就不再出售，给您留住了。”

“哎呀，反正也不差这么几天，等我带家人来看过了，我们再交定金什么的吧。”汪女士还是推托着。

“如果要等几天的话，我建议您还是先预交定金，您看中的这套房子，说不定我同事那边的其他客户也看中了，如果被别人抢先交了定金，那就只能给其他客户预留了。”

“这样啊……那你们这个户型的房子还有哪几套是空的？”汪女士显然还是有些犹豫。

“目前还有8套，刚开盘一天就只剩8套了。您如果再晚一天，恐怕就没有了，只能再看其他户型了。”售楼小姐说道。

汪女士一听这话有点着急了：“我最喜欢这个户型，其他的户型要么不是采光不好，要么就是通风不好……那是不是先交点钱就给我留着了？”

“是的，只要您在7天之内补全款或办理首付就行。”

“好吧，我先交定金吧。”

就这样，这个售楼小姐的业绩上又多了一笔。

定金对于楼盘销售人员来说是一颗“定心丸”，通常交了几万元定金的客户便不会再有什么大的变故，对客户心理来说也会产生“定金都交了，就不再费时费力看其他楼盘了”。所以，直接成交不成，也可以退而求其次，用定金“绑住”客户。

没有经验的销售人员容易跟着客户的思路走，客户说什么就顺从他，

这样很容易造成客户流失。有经验的销售人员会在不经意间引领客户的思路，让客户跟着自己预定的思路走，这样变被动为主动，更有利于快速促进成交。

“步步紧追”在销售中还是有一定风险的，如果运用不当，便会起到反效果，让客户觉得被逼得快要疯了，索性就放弃购买，回家好好清静清静，下次再说。

这种情况很多女性客户可能遇到过，尤其是在超市的化妆品专区，稍微一走近货架就会有一窝蜂的促销人员走过来，不断地问你“想要买什么”“要买爽肤水吗”“这款润肤露挺适合您的皮肤的，能大大改善您现在的肤质”，等等，让你根本静不下心来专注于挑选和购买。

当你再次表示“我只是随便看看”。意思就是“你不要管我了，我自己随便看看，没有目的”。

有些销售人员还会步步紧逼地问道：“哦，那您主要看哪一类的呢？我可以给您介绍一下。”或者上下打量你的肌肤并介绍：“我看您的肤质偏干，您现在用的是什么类型的护肤品呢？我们这里有一款补水效果特别好的产品，您可以买一瓶试试。”

再有一类就是嘴上说着“好吧，您随便看看吧”，可是却紧紧地跟在你的身后，只要你的目光停留或是手指触摸到哪个商品，销售人员就立马给你解说。

这也是实实在在的“咄咄逼人”，但却快要把人给逼疯了，让人产生极大的不适感。这个时候，你要么选择尽快逃离，要么选择冷漠以对。

还是时机最重要，当客户对某种商品表示出极大的兴趣时再上前介绍，当客户的购买意向越来越明显且坚定时，方可使用此法。

智慧点金

“步步紧追”的重点在于营造紧张、急迫的氛围。就是不给客户周折、货比三家的机会，几经周折便给了竞争对手机会。

此法的最佳时机在于，客户接触商品之初表现出极高的满意度，尚未动用精力去找寻不满时，此时步步紧逼，让对方的思维暂时处于混乱，无法过多思考，把更多的精力放在已经产生的满意度上，进而快速促成成交。

一定要掌握好分寸，可以让客户觉得有点小慌张，但切不可让客户有被逼疯的感觉。

适当“发脾气”——险中以求胜

知识链接

几个新闻工作者接到上级命令去执行采访任务，采访对象是正处在舆论风口浪尖上的人物，所以任务开展十分困难，连是否能见到当事人本人都是问题。

果然，来到目的地，所有人直接被挡在门外，被告知“不接受任何新闻媒体的采访”。

记者跑这么远的路并不想没有任何结果就回去，就开始跟对方说尽好话，是否能进去见一下本人，但是对方的人并不买单，并表示：如果对一家媒体宽容，其他媒体都会蜂拥而至的，到时情况将难以控制。

记者与对方的工作人员僵持了好几个小时都没有任何结果。

终于，记者发飙了：“我们大老远地跑过来，只是要寻求事实的真相，你们不是说是清白的吗？那为什么不能接受采访呢？为什么不能当面澄清事实呢？我们是为你们提供平台、提供机会。你们做事也太刻板了吧，不分青红皂白就将人拒之门外。”

在记者一番义愤填膺的言辞之后，对方的态度反而软了下来。

记者本打算这样破釜沉舟之后就该打道回府了，没想到，当事人知道了新闻工作者的态度之后，竟让他们进去采访了。

其实这几个新闻工作者心里也是捏了把汗，真的是险中求胜。

点题

大发雷霆大多是因为被对方的言辞或行动激怒了，而释放气愤情绪的一种方法。但是有的时候，却有意想不到的效果。对客户的“爆发”是为了击破对方心里最关心的一个疑虑。在最关心的问题上，客户通常会反复计较与质疑。所以，适当“发发脾气”反而能让客户的内心觉得踏实一些。

开篇导读

对客户“发脾气”在常规销售中是不多见的，因为很冒险，容易破坏销售人员与客户之间的关系，所以，以成交为目的的“生气、发脾气”是具有很强的技巧性的，时机、场合都要把握得当，方可能成功得胜。

有时候，客户会对一些问题抓住不放，非常不放心，作为销售人员必要的时候就可以“大发雷霆”，用坚定强硬的态度告诉客户他的担心毫无必要，让客户有一种自己的担心简直是太多余的感觉。

就好像生活中的一对恋人，一方总是质疑对方对自己的爱，于是总是问：“你真的爱我吗？”或者是试探性地套话说：“你是不是看上别的女人（男人）了？”

这时另一方大发雷霆地说：“你这简直是在侮辱我的人格！我是那种见异思迁、喜新厌旧、始乱终弃的人吗？你觉得我是吗？如果你真的这样认为或者是怀疑，那我觉得我对你这么深的爱简直太可悲了，我都替它委屈。我现在严重怀疑我在你的心里到底是什么样子，处于什么样的位置。”

这么一发脾气，反正会让质疑的那一方感觉心定了下来，而且在内心会自我反思，觉得是自己在无理取闹，自己的怀疑真的让对方受委屈了。

发脾气，也是一种力证，一种自信，一种维护。当客户对你产品质量或者售后服务存在质疑，此时，销售人员一定要自信，坚定地相信自己的产品能给客户带来超值的感受。

原理解析

销售人员面对客户质疑时的“大发雷霆”，目的是为了让客户感觉自己在某些方面的质疑与恶评伤了销售人员的自尊心，心生愧疚的同时也打消了顾虑。

案例分析

营业员：“杨先生，您也看了这么多次了，各方面的设计都符合您的要求，价格已经是最低折扣了，还犹豫什么呢？”

杨先生：“同样风格的家具你们价格要贵很多，你们怎么解释呢？”

营业员：“挑选卧室家具要慎重，也许您从外观上觉得没有什么差别，但质地上肯定是有差别的。越是卧室家具，就越是不能贪便宜，环保健康才是最重要的。”

杨先生：“那是当然，健康最重要了。”

营业员：“在环保这方面，我们的家具绝对达到国家标准。对于这点您可以百分之百放心。”

杨先生：“哪家店都说自家的环保、安全、达标，可是价格却差这么多。不知道是真是假……”

营业员：“别人家的东西我不好判断，毕竟我不了解人家的用料、做工。我只能对我们的产品打包票。”

杨先生：“可是看起来明明是一样的东西啊。”

营业员：“那盗版、赝品也都和正品看起来一样啊，价格却相差很多。所以，我们不能就外表来评论产品的好坏。”

杨先生：“那照你这么说，你们只要把次品价格抬高到正品价格，客户就认为价高的一定是正品了？所以光看外表，我也没办法判断你们的产品是正品还是次品。”

营业员已经有些生气了："我们是有国家检测证书的。"

杨先生仍旧说道："现在这个年代，警官证还有造假的呢。"

"先生，您要这么说那我真的无话可说了。连国家检测报告书您都不相信，那我真不知道该怎么验明正身了。真的，我现在也不强求了，买不买，选择权在您。您可以不买我们的产品，但绝对不要诋毁我们的产品。我宁愿您是因为不喜欢这个颜色，或是款式，或是价格，而不是质量。"营业员显得有些激动。

"我又没说你们在造假，只是表述一个社会现象而已。你不得不承认现在有很多造假的东西，新闻里也时常曝出有人持假的警官证行骗。再有，可是你先提起盗版赝品这个话题的啊。"杨先生反而像朋友一样与营业员调侃了起来。

"唉，我可说不过您。我这人就是情绪自控力太差，一听您连国家检测报告书都怀疑，我就急了。您别介意。"

"哈哈，你也是真性情啊。算了，我也不再看了，就冲你这真性情，我就要这一套了。"

作为消费者，买东西产生质疑是天经地义的事情，买面包肯定要求的是面包的味道，买冰箱肯定要有保鲜的保证。面对一个对产品质量质疑的客户，你可以想这个客户对待生活真的很认真。重要的是，作为专业的销售人员你可别被客户三番五次的质疑给"催眠"了，也开始怀疑起产品质量问题了，那真的是没救了。

客户越对这件产品质疑，就越说明他很想买这件产品，客户只有对这件产品在意才会对每一个细节都要求完美。所以，如何打消客户的质疑是销售人员应该考虑的问题，当你从正面一直斩钉截铁地保证产品质量，保证售后服务，客户仍旧不完全放心的时候，适当的时候就不排除从反面出击了，说不定效果会更好。

条条道路通罗马，只要最后能让客户毫无担心地买走你的产品，"大发雷霆”不失为一种打破传统销售手段的好方法。

在传统的销售手段中，太习惯对客户“百依百顺”，每一个细节都在让客户感受无可挑剔的服务态度，对很多销售人员来说“大发雷霆”也许是想也不敢想的销售方法——“会不会太夸张了”“客户会不会再也不来我们店里了”“客户最后不买，自己的心情也受影响”，等等，以上这些问题是很多传统销售人员的顾虑。其实，这些考虑也是有道理的，因为如果没有把握好度的话，那真的会得不偿失。

智慧点金

要让客户觉得自己真的是多虑了，伤了销售人员的自尊，“把人都给逼急了”。客户有了这样的想法，就表示他已打消了原有的顾虑。“发脾气”，重点不是针对客户发泄负面情绪，而是在于“维护”，维护个人品格、产品质量、企业形象等。

退而求其次——提出大要求实则解决小要求

知识链接

每年情人节，男人都送给女人一束花，虽说浪漫，但年年如此，丝毫不需要一点新意，让女人觉得情人节收花也成了一件再正常不过的事情。

早先，朋友们都会说："哇，好浪漫呀。"

渐渐地，朋友们会说："他还挺能坚持的，今年除了花没有别的附加礼物吗？"

再后来，朋友们会说："又是花啊？你老公挺会过日子的，不用动脑筋，每年一束花就把你打发了。我老公每年都给我换着花样呢，去年送我相机，今年送我苹果手机。"

这让天生爱攀比的女人觉得有些没面子。这年，情人节快到了，她开始主动问男人："亲爱的，情人节快到了，你打算送我什么礼物？"

"当然是花了。"

"又是花啊，一点悬念都没有，没意思！"

"那你想要什么礼物呢？"

"我想要一辆车，其实也就是借着节日给咱家添一台车嘛。"

"买车这件事等等再说吧，到时候一步到位，买个好点的车。"

"那就买一台跑步机吧，没有车子代步，那我只好练一个强健的体魄了。”女人有些不悦地说道。

“这个没问题。”男人欣然答应。

到了情人节那天，男人果然送了女人一台跑步机，外加一束玫瑰花，这让女人欣喜不已。其实她叫嚷着买跑步机已经很久了，可男人总是说不实用，想跑步不如去公园里跑。

女人心中暗暗笑道：这招果然有效。

点题

女人大概早就料到男人不会给她买车，甚至女人故意提出男人不可能答应的条件，让男人把女人的期许目标定位在十几万元的车子上面。与十几万元的车子相比，几千块的跑步机对他来说更容易接受一些。但如果女人直接提跑步机，恐怕男人只能接受几百块的东西，另想他法了。

当小要求与大要求进行比较的时候，因为大要求的衬托，人们更容易接受小要求。当一个要求很难被满足的时候，就提出一个更大的要求做比较，那之前真正的要求就会被满足。

有时候客户就像这会过日子的男人，精打细算，想要让他们从腰包里掏出钱来，不妨把目标条件放大一些。

开篇导读

当你说“给我买个别墅”，对方肯定承受不了，改为“那不然给我买个三居室的房子”，对方说不定就答应了。

当你对从来不干活的另一半说“今天大扫除，你负责刷马桶吧”，对方可能不愿干，改为“要不然你去刷碗吧”，对方可能就欣然同意了。

当你对客户说“买10万元的东西吧”，对方肯定心疼钱包，改为“不然买这一款吧，才3万元”，对方可能觉得这个价格还可以接受。

“狮子大开口”肯定会吓到客户，让其觉得难以接受，提高客户的心理目标值，然后再提出小的要求，客户会拿此和之前的大要求做比较，退而求其次，这是一种情不自禁、自然而然的心理行为。比较之后，客户心理上会告诉自己——“这比之前的大要求容易接受多了”。

这其实就是一个小技巧，**利用的是人的比较心理**。

比较是人的一种常态心理，不自觉便会进行的心理活动，人对两个事物的心理就好像两个女人坐在一起，互相观看后会在心里比较——“她穿的衣服比我的好看”“她的身材不如我”“她的皮肤比我的好多了”，等等。

再例如，女人在交男友时会不自觉地拿现任男朋友或是即将结交的男朋友与前男友比较。男人也一样，会拿现任与前任比较，她哪个方面不如前任，哪个方面比前任强多了。

销售人员在销售过程中不妨暗暗抛出伏笔，给客户一个比较的对象。当然，比较之后的结果最好倾向于你想要的。或者说，不管客户选择哪一个，对你来说都是有益的。

你的理想值是60，为了给客户一个比较空间，你提出了100，而客户几经思考后应允了，那岂不更好。

这就好像卖小吃的问客户“加1个蛋还是2个蛋？”客户大多会选择1个蛋，少数会选择2个，更少数会选择不加。但如果你问“加蛋不加？”客户选择不加的几率是50%甚至更多，选择加的几率是50%甚至更少，即使选择加，多则恐怕也是1个。所以成交量肯定不如上一个问法。

给客户一个什么样的比较环境，选项也是一个很重要的元素。如果可以罗列好，成交氛围会更有利于销售人员。

原理解析

这个方法在一定程度上利用的是比较与互惠原理的结合。从承受力上讲，大要求与小要求放在一起，人的承受力会倾向于小要求，即使小要求原本在他看来是有一点点负担的，而比较则会潜在地将人的承受力放大。再者利用的就是人的互惠心理，提出大要求，对方满足不了你，你退一步换了小要求，对方会觉得“人家都退了一步”，自己不妨也退一步。

案例分析

鞋店里，营业员接待了一位中年妇女，通过对话了解了中年妇女想要的款型后，营业员首先拿来了一款十分精致的皮鞋让中年妇女试穿。

中年妇女试穿后十分满意，一个劲儿地在店里走来走去，照镜子，嘴里还连连赞道：“好鞋子就是不一样，以前就怕穿高跟鞋，虽说能提气质可是脚不舒服，这双鞋穿起来就蛮舒服的，不累脚。多少钱？”

“1999元，女士。”营业员微笑着答道。

“啊？这么贵啊。”中年妇女是为了在女儿的婚礼上不失面子，所以想买一双贵气点的鞋子，可不曾想这么贵。

“可是真的很配您，很显气质。对我们女人来说，最重要的就是为自己选一双好鞋子，因为一双好鞋才能带着您踏上欢乐的旅程，不然即使穿得再光鲜，脚不舒服，便浑身不舒服，怎么享受生活？”

“话是这样说……”妇女十分喜爱地摸着这双鞋，心里大概是又爱又恨，爱这鞋，恨这价格。

“女士，不然这样好了，您试一下这一款。这虽然是个老款了，可是一直卖到现在，销量依旧很好，是我们店的经典款式，舒服感绝对不输给那双鞋。”

“这双价格多少？”妇女这次试穿之前更关注价格了。

“这双只要499元，走的是大众路线，价格便宜并不说明不好哦，它的设计与质量绝对不马虎。而且，您不是喜欢那一款吗？这款是大众价位的鞋子里设计上最接近那一款的鞋。您可以试穿看看，保证既大方，又舒适，不输给那双鞋。”

妇女穿上后，似乎也觉得挺不错的。走了又走后，对营业员说：“就要这双了，给我包起来吧。”

随手拿一双，随脚那么一试，就是近2000元的鞋子，中年妇女大概以为这店里的价位水平都在上千元左右了，但又想买双好鞋子的她实在舍不得花这么大的价钱。于是，这个时候当你拿出几百元的鞋子时，她便会觉得在这高档店里买一双设计质量差不多的鞋子才不到500元，确实是便宜多了。

这个时候，客户的心理感觉就是：花小钱买了大名牌。

其实，这双鞋恐怕是中年妇女所有鞋子中最贵的一双了。如果直接进店营业员拿出来的就是这双，她肯定也嫌太贵，即使斟酌半天也下不了决心购买。

案例中营业员比较聪明的做法是：在亲自为中年妇女试穿上第一款鞋子并表达十分满意之后，才告知1999元的高价格，正是因为试了，喜欢上了，妇女才愿意犹豫一会儿，否则进店后拿起一双鞋直接告知其1999元，恐怕对方连试也不试，转身就走了。

接下来，在中年妇女犹豫之际，再为其介绍一款设计接近却价位较低的一款，她便会接受许多。

智慧点金

先提大要求，是把客户心中的价位值提到一定的高度，尽管客户接受不了，此时再给他一个低台阶，他便很愿意说服自己站在低台阶上了。

“狮子大开口”利用的就是退而求其次，寻找差异性，重点就是要对比鲜明，差距过小的话，两个要求对客户来说，恐怕都是“大要求”，恐怕自己都无法承受得了。

使唤客户——敢让客户为你“服务”

知识链接

刚到新宿舍，刘远并没有像其他同学那样拘谨，他好像认识室友们很久了。

“嘿，哥们儿，把那个杯子给我递过来。”刘远对宿舍的一个同学说。

同学刚听到的时候有点“不习惯”，因为他没有想到刘远会用这样轻松的语气对自己说话，于是也对刘远说：“哥们儿，你接住了啊。”

刘远接过杯子之后并没有说谢谢，而同学反而觉得一下子与刘远的关系拉近了很多。

“我说朋友，借点热水用用呗。”刘远又对另一个室友说。

另一个室友听了之后，没有一点要拒绝的意思，反而笑着对刘远说：“自己动手倒吧，我忙着呢。”

刘远忙答复道：“好嘞！我就没指望你能给我倒。”

室友被刘远逗乐了。刚开学没几天，宿舍里的同学也认识没几天，却在刘远“自来熟”的影响下，大家之间完全没有了陌生的客气，而是像认识很久的老朋友一样，气氛非常轻松融洽。

点题

刘远的“自来熟”很快拉近了室友之间的距离，因为刘远敢于找刚认识不久的室友帮忙，而且还不说客套话，这让他们在短时间内就相处得非常融洽。

同样，在销售中，面对陌生的客户，销售人员可以用这样的方式来拉近彼此之间的距离，当客户同销售人员之间没有太大距离感的时候，购买行为很容易被促成了。

开篇导读

初次看到这个标题的时候，有很多销售人员就会产生疑问“客户是上帝，怎么能让客户为自己服务呢”“服务客户还来不及呢，还让客户服务自己，别逗了”“为什么要让客户服务自己呢，这不是背道而驰吗”……

这些疑问是很正常的，因为在一贯的销售行为中，销售人员已经被灌输了“服务”的概念，从来都是销售人员为客户服务，很少听说客户要为销售人员服务的。

销售人员是要为客户服务，这是永远都不会改变的原则，因为客户花费了自己的金钱，而且在众多的商家中选择了你这一家，商家当然要把客户服务满意了，只有100%满意的服务才能吸引到客户，所以众多商家都在寻找不同寻常的贴心服务，好让客户能购买自己的产品。

客户也习惯了这种热情的服务，因为已默认销售人员与客户之间的关系。那为什么要反其道而行之呢？因为有时候不同寻常的方法更能出奇制胜。

销售中，一直都在强调要拉近与客户的关系，因为拉近了关系就好办事情了，就像托好朋友办事情肯定比陌生人要方便得多，好朋友答应的几率要比陌生人大得多，即使是很难办的事情，好朋友也会尽力而为的。由此，**如果客户把销售人员当朋友，那必然也就张不开嘴拒绝成交了**。

所以，如何快速拉近与客户之间的距离就是首要解决的问题了。在交往方式上不妨做一些改变。过多地讨好客户，会让客户觉得销售人员企图心太重，推销意识太强，这并不利于销售。而找准时机的让客户为自己服务，客户就会觉得你把他当成是“自己人”，反而会更信任销售人员，客户与销售人员之间的距离也会趁机拉近，拉近了距离，销售人员再提出要求，客户会更容易接受。

原理解析

两个人越是客气，说明两个人之间的关系越是疏远；而人的潜意识会认为，对方能找我帮忙说明他没有把我当“外人”，顿时也会觉得有些被“特别对待”的感觉，于是便会用同样的方式回报对方。

案例分析

王波：“李经理，您的车已经跑了很多公里了吧，真了不起，您还不打算让它‘退休’呀？”

李经理：“虽然这车已经很旧了，但是我开得很舒服，这车就像老朋友一样，我对它很熟悉，暂时还没有考虑换车。”

王波是一个汽车推销员，李经理是一位潜在客户，但无论王波怎么游说李经理，他就是不肯换车，王波跑了很多次都没有结果。

这个周末，王波约好与李经理见面。王波在去往李经理家的途中，迷路了，他越走越不对劲，情急之下，王波就给李经理打了电话。

王波告诉李经理自己周围的建筑物和明显的标志，让李经理来接他。

李经理：“好，我马上过去，你在那里等一会儿，不要来回走动。”

王波没想到李经理这么爽快地答应了，他可是抱着试一试的心态打的电话。

见到王波之后，李经理还打趣道：“看来你也是个路痴啊，我这人也是，离了导航真不知道该怎么出门。”

“我从小就是路痴，呵呵……”

就这样，两人开始像朋友那样聊起了天，并没有聊汽车。两人有说有笑地到了李经理家。

李经理没有想到王波竟然会向自己“求救”，而王波也没有想到李经理那么爽快地就答应自己，两人的关系也拉近了许多。

后来，在王波的真心建议下，李经理终于换了辆车，告别了手机导航的时代。用李经理的话说："我就对你放心，老实说手机导航确实不方便，这新车样样齐全，开着就是舒服。早认识你的话，恐怕我早就换车了。"

在日常的生活中，如果一个人遇到困难，首先想到的是让自己熟悉的人来帮助自己，这样朋友也会觉得对方把自己看得很重。当李经理接到王波的电话时，也感觉王波把自己当作了朋友，所以很乐意帮忙。

双方的距离拉近之后，信任感也会不断增加。对李经理来说，王波已然是"熟人"了，比起那些陌生的推销人员来说，自然是王波更值得信任了。对王波提出的要求也就不会再拒之千里之外了。如果没有这件事情发生，李经理肯定还将王波视为一个想让自己买汽车的汽车推销员，当李经理这样想的时候，肯定就会有一种戒备和防范的心理，那想要让他签单可就没有那么容易了。

智慧点金

人总是会对熟人更信任，对陌生人自然而然地产生戒备与防范心理。所以，把自己变成"熟人"是本节方法的重心。

把客户当朋友，以朋友的方式相处，客户自然可以感觉到服务方式的变化，因为这种交往方式也是他"似曾相识"的，因为他与朋友间也许也是这么交往的。

此法需要销售人员勇敢一点，放开一点，否则过分拘谨，客户想与你亲近都亲近不起来。

Part 3　秒杀篇

我们的宗旨：**以最快的速度，有效成交**

销售就是为了成交，而成交是有技巧的，如何让客户快速成交则是销售人员共同追求的目标。虽然客户的类型多种多样，客户的思维也捉摸不定，但是却有可供参考的共性，抓住这些共性，一些方法就可以使用在各种类型的客户身上。

解决最后一个问题

知识链接

佳佳是个不折不扣的宅女，无论朋友说外边怎么好玩，佳佳都无动于衷。这天，朋友想约佳佳出来玩，朋友做了充分的准备，提前一天就开始约她。

朋友：“佳佳，我们去看电影吧，刚上映的美国大片，我请你看。”

佳佳：“不去，我还有一堆事情要做呢。”

朋友：“明天是周末，你有什么事情要做呀，说来听听。”

佳佳：“我要打扫房间呀。”

朋友：“没关系，房间很快打扫完了，明天就可以出去了。”

佳佳：“我还有一堆衣服要洗。”

朋友：“洗衣服有洗衣机呀，扔进去洗就好了。”

佳佳：“我还想睡懒觉。”

朋友：“没关系，我等你，等你起来了我们再去。这下没有什么问题了吧？”

佳佳实在没有什么理由了，就说：“没有了。”

朋友：“那就这么说定了啊，不见不散。”

朋友知道佳佳会有一堆理由，所以已经做好了充分的准备，任她讲出一堆的问题，也一一化解掉了，没有了拒绝的理由，自然就是同意的结果了。

点题

佳佳有一堆的事情需要解决，朋友就一件一件地帮佳佳安排，直到佳佳把所有的理由或者借口都说出来了，均被解决掉了，便再也没有任何理由托辞不能外出了。

销售中遇到的各种各样的客户同样会有很多问题，而解决问题的就是销售人员，如果销售人员能把客户的最后一个问题都解决掉了，客户也没有理由不购买你的产品了。

开篇导读

客户来买东西，肯定会有很多问题要询问销售人员，有关产品使用，有关售后服务，有关价格……这些问题中有些是客户的正常疑问，有些则是客户的购买异议，有些甚至是客户想要“再比比看”的借口。

不管是哪些问题，客户都希望能听到销售人员的答案，而且是满意的答案。而解决客户的问题也是销售人员每天都要面对的事情，也可以说，**销售人员的销售过程也是解决客户疑问的过程，只有把客户心中的疑问都解决了，客户才有可能会放心购买产品**。

回答解决客户问题也是一次销售的机会。因为人是不愿意在自己不感兴趣的商品上浪费时间的。所以，不要怕客户有问题，最怕的是销售人员说十句，客户没有一句反应，遇到这样的情况，销售八成也不会有结果。而客户能抛出问题就不一样了，只要销售人员把客户的问题解决了，十有八九也就促成了交易。

在客户的众多问题中，有些问题是客户本身并不关心、也不是在客户购买行为中起到决定性作用的因素，而是客户无意中提出来的。有经验的销售人员应该能分辨出哪些是客户无关紧要的问题。遇到此类问题，销售人员即使不知道如何回答也没有关系。

例如，销售人员说："这个手机可以待机一个月。"而客户则咬住这个问题说："如果不能待机一个月怎么办？"很明显，销售人员之所以这样说是为了说明手机的电池比较耐用，没有一个客户会把手机真的放在那里一个月不用来考察手机能否待机一个月，类似这样的问题，销售人员则可以轻松地避过去，没有必要特别认真地为之解答，客户自己也会很快把这样的问题忘掉。

那什么样的问题才是销售人员必须解决的呢？通常是影响客户购买的关键问题。比如价格，客户如果提出价格方面的问题，说明已经下定购买决心了，只要销售人员很好地解决客户的这个异议，这个交易就能成功了。

价格方面的问题往往可以预示客户的问题已经接近尾声了，在议价环节如果可以顺利通关，那往往是必然成交。

原理解析

客户面对一个自己不了解的陌生产品，想要购买，就需要把产品变成自己熟悉的物品，所以，客户购物的过程也是向销售人员抛出问题的过程，客户直到把心中的问题都抛完，并都得以解决，到时不买都觉得不好意思了。

案例分析

一位女士去买儿童床，看了一家的几个款式之后，女士在一张十分精致的汽车造型的小床面前停了下来。

营业员："一定是为儿子买床吧，很多男孩都十分喜欢这一款。"

女士："是呀，男孩都喜欢车，能睡在车里还不高兴坏了。"

营业员："那就要这一款吧，我给您开单？"

女士："我才刚看外形不错，具体的还不了解呢，怎么会这么快就买！"

营业员："噢，那我给您介绍一下，材质方面您绝对可以放心，非常环保，对小孩的身体健康没有任何威胁；床下边还有三个抽屉，能放不少东西，这就能节省很多空间了。"

营业员见女士拉开抽屉仔细地观看，又接着说："买床一定要买环保的，不能危害身体，尤其是儿童床，这个汽车床造型非常独特，您一定不会买错的。"

女士一边听，一边点头，营业员觉得女士也没有什么异议，然后就说："怎么样，这下您不用担心了吧，我现在就给您开单吧。"

女士本打算再了解一下，没想到营业员又提开单，内心非常反感，就没好气地对营业员说："你这人怎么这么急啊，搞得我都有些烦躁了。算了，我再去别家看看吧！"

说完，女士转身就走了。

这本来是一个成交机会很大的单子，从女士对这个小床的造型非常感兴趣就能看出来，如果女士接下来的问题都能被解决了的话，女士肯定会非常满意地把床买走，还会觉得自己买到了一个心仪的产品。可是营业员没有给客户充分的考虑时间，销售意识太强，引起了客户的反感，没有等客户主动地提出更多的问题，也没有一个缓和的过渡来询问客户是否可以购买，而是直截了当地紧逼客户购买，这是在销售中非常忌讳的事情。

营业员见到对产品有兴趣的客户，应该一步步地引导客户，让客户把自己心中的疑问都问清楚，这是客户购买产品的必要步骤，也许这个产品并没有什么问题，客户的所有担心都是多余的，但是解决客户疑问的过程却不能少。

如果案例中的营业员能够耐心地等待客户提出一系列的问题，然后再反问客户"您还有什么问题吗？"如果客户没有，此时不妨再请示是否可以开单子了，这时恐怕客户便不会对提议反感了。

案例中营业员之所以失败，就是因为太过于着急，没有等客户把问题一一问完就急于让客户掏钱结账，自然会给客户一种"抢钱"的感觉，好像销售人员的一双眼睛从来都没有离开过自己的钱包。

过分着急地催客户结账是一个坏习惯，将原来有八成成交可能的客户给吓跑了。

智慧点金

单子是急不来的，要有足够的耐心引导客户将心中的疑虑一一提出，并且逐一排解，直到最后一个问题。没有问题了，时机便成熟了。

最后一个问题十有八九是价格问题，人们只有在对产品本身没有存在异议的情况下，才会最终进入议价环节，价格合适，方可成交。否则，对产品本身不满意，客户是没有心思走到价格环节的。

实在无法确定时，可以通过试探性的语言来确定客户是不是还有其他疑问，没有的话就可提议签单。

借助“第三方”的影响力

知识链接

暑假到了，成成的妈妈要他报钢琴辅导班，成成非常有意见。

成成：“我不要报，我又不喜欢弹钢琴。”

妈妈：“小孩子需要学一点儿才艺，等长大了想学也没有时间学了。”

成成：“好不容易放暑假了，就不能让我放松一下吗？”

妈妈：“等你会弹一首完整曲子的时候，到时候就会感到特别有成就感，你就听妈妈的话吧，肯定不会后悔的。”

成成：“我不要学！我不要学！“

妈妈见说不动成成，于是就想到了邻居家的小宇。

妈妈：“邻居家的小宇就学了，小宇学习成绩没有你好，人家还想学钢琴呢，为什么你不学呢？”

成成：“是吗？我怎么没听说小宇竟然去学钢琴？”

妈妈：“是呀，到时候小宇在你面前弹钢琴的时候，你肯定该羡慕了。”

成成：“如果连小宇都学了，那我也去学吧。”

妈妈没想到搬出小宇就把成成说通了，看来这个方法还真管用。

点题

妈妈劝说成成学钢琴无望时，就用小宇的例子来激励成成，本来态度坚决的成成便被说动了。这就是“第三方”的影响力。

这个方法在销售中同样管用。“第三方”也就是除客户和销售人员之外的一方，将第三方的影响力充分利用起来，这一份力量将会是销售人员的助力器，一同说服真正的买家。

开篇导读

其实，很多销售人员在不经意的时候可能触碰过“第三方效应”，如为了证明自己产品卖得有多么畅销，会告诉客户——

“刚刚有一个客户一下子买了3套呢。”

“我们店的回头客很多，像刚刚走的一些都是我们的老客户，用我们的产品不是一年两年了，如果质量不好，客户恐怕早跑光了。”

“不信您可以问一下您身边的这位美女，看你试穿的效果是不是特别好。”

“您可以试想一下您的女朋友收到这个礼物时的表情有多幸福，以后肯定更爱你啦。”

这些都是在利用第三方的影响力从侧面有力地证明自己的产品是优良的，借此来暗示客户选择自己的产品绝对没错。

销售人员“自卖自夸”，这已经是老套路了，一个劲儿地夸自己的产品有多好，不如给出一个数据，一个实例，让第三方的行为或数据帮自己说话，这样会更有分量一些。

原理解析

客户在购物的时候都希望能从各方面证明自己的购物选择是正确合理的，因此就会从各方面寻找有力的证据证明，而且越多方面得到印证就会越安心。

借助“第三方”的力量就是利用人们的从众心理、渴望借鉴的心理以及对权威的信赖心理，当销售人员牵出第三方为自己的产品说话时，购买者对产品的倾向值会更高。

案例分析

一对恋人来逛服装店，姑娘试穿好几件都不满意。终于，当她换上一席白色的长纱裙时，销售人员开始夸赞道："试了这么多件，这件效果是最好的，给人眼前一亮的感觉。"

"是吗？老实说，我很少穿白色的衣服，而且还是这么长的白纱裙，实在是不习惯。不过挂在那里真的很好看。"

"都说人靠衣装，我看这衣服再漂亮也得对的人穿，不然也没效果。"

"是吗？真的好看吗？我还是觉得这种类型的衣服不适合我。"姑娘还是有些犹豫不决。

销售人员这时把目光转向了一边专注玩手机的男士，男士大概是陪姑娘逛街逛累了，进店后的第一件事就是一屁股坐到椅子上一动也不想动，任由姑娘一个人挑来挑去。

于是，销售人员打断了男士的专注，问说："这位先生，不妨给女朋友参考一下，您说她穿这套衣服是不是像仙女下凡一样，真的很清新脱俗。"

男士抬眼一看："嗯，确实和以往的风格不同。就买这件吧。"

"是不是真的呀，到底好看不好看？"

"好看啊，人美穿什么都好看。"男士献媚道。

"讨厌，没正形。"姑娘与男士打趣着，然后转身对销售人员说道："就把这件给我包起来吧。"

案例中的整个销售过程，姑娘的男友充当了关键性的作用。从起初的形势来看，男士并不想参与进去，因为女人在购物时永远是精力充沛的，而男人则最怕陪女人逛街，对男士们来说，只有要打电动游戏时才有用不完的精力。

姑娘不经意地试来试去都不觉得十分满意，由此来看，她恐怕并不打算买那一件，毕竟女人"只逛不买"也是常有的事。

对女人来说，除非是遇到她特别喜爱，难以割舍的产品，这个时候，不用销售人员多费唇舌，她便会在心里自我说服了。因此，从姑娘犹豫不决的情况来看，要么就是没预算花这个钱，要么就是真的没有特别喜欢，所以她只是在纯粹逛街，碰运气，碰到喜欢的就买，碰不到就不买。

此时，销售人员显然意识到再这样下去可能就是“白单”了。于是，她便把心思放在了姑娘的男友身上，让其男友来评价姑娘的试穿。

这是十分绝妙的一招，因为但凡懂点女孩心思的男士们都知道，女人是听觉动物，尤其是从她们心爱的男人嘴里说出的话。所以，男友的反应自然不会让销售人员以及女友失望，有90%几率会以夸为主。

如果遇到那10%不开窍的，恐怕销售人员就得自认倒霉，另寻他法来破解了。即便是这不开窍的10%的男人中，在逛到坐下便不想起来时，可见他多么想尽快结束这段旅程，尽快让女人手里有些战果，好结束今天的行程，也是男人们迫切希望的。

因此，这个时候女客户的男友绝对是和销售人员是站在同一条战线上的，自然也会替销售人员说话了，尽管他本身可能没有意识到自己已然与销售人员二对一地对付自己的女友了。

智慧点金

“第三方”的定义范围很广，如以下几种：

1. 买者的陪同者（家人、朋友、爱人）。
2. 身边的其他客户。
3. 店内的其他营业员。
4. 签单本上历史记录的客户，等等。

找准“拍板人”很关键

知识链接

妈妈带着晶晶来买衣服，来到卖裙子的专柜，营业员热情地前来招呼。

营业员：“给女儿买衣服呀，我们这里的衣服都是刚上架的新款。”

营业员说着就开始拿一件让晶晶试，营业员见晶晶还小，就想着肯定是妈妈说了算，于是开始向妈妈说衣服如何好。

营业员对妈妈说：“这一件是深颜色的，像这么大的小朋友都喜欢跑东跑西，如果是浅颜色的衣服很容易脏，买个深颜色，你也不用经常给她换洗。”

妈妈说：“说的也是，不过，要问问她的意见，给她买衣服还是她说了算。晶晶，喜欢这件吗？”

晶晶看见营业员不问自己的意见就拿出一件深颜色的裙子，内心非常不满，就说：“我不喜欢。”晶晶说完就拉着妈妈走了。

一会儿又进来一对母女。营业员这一次要改变方式了。

营业员：“小朋友，来试一试这一件浅颜色的裙子，你穿上肯定漂亮，小孩子还是穿浅颜色的衣服打扮人，深颜色的不好看，是吧，小朋友。”

小朋友也不说话而是看着妈妈。

妈妈：“我最讨厌给她买浅颜色的衣服了，每天都要洗，烦都烦死了。”

这位妈妈想这营业员怎么不问她的意见呢，她可是妈妈呀。于是拉着小朋友就走了。

营业员自言自语道："今天可真是个倒霉的日子，说什么都不对，到底是妈妈说了算，还是孩子说了算呢？"

点题

卖儿童服装的营业员没有弄清楚谁才是"拍板"的人，于是两对母女谁也没有买就走了。给没有购买决定权的人说再多也是浪费口舌，最重要的是在销售过程中找到谁才是拥有最终决策权的关键人，只要关键人同意购买，销售也就成功了，这是销售中非常关键的一点。

开篇导读

销售人员一定有这样的经验，讲解了半天，对方说一句："我不做主，回头我把老婆带过来再看看。"销售人员此时不要感到扫兴，虽然这位客户不能做主，但毕竟你已经从客户那里得知谁是拥有最终决策权的关键人了，这也是客户提供给你的很重要且必要的信息，等下次的时候就针对那个最后说了算的人讲解，这样就容易很多了。

有些时候，对产品感兴趣的客户并不是真正的购买人，也就是说，即使他很看好你讲解的产品，也并不做主会把它买了。作为销售人员要有这个眼力，能看清谁是"凑热闹的"，谁是"拍板的"。练好这个眼力之后，接下来就是攻破把拥有决策权的关键人的心理防线。

如果是老人，讲话的时候就尽量讲得通俗易懂，就可以把你的专业术语暂时先丢到一边了。

如果是小孩，就尽量想办法能让这位小朋友感兴趣，此时能想办法吸引小朋友的眼球成功订单就不远了。

如果是注重质量的客户，就可以在质量方面多加以讲解，向客户保证。

这都需要销售人员的应变能力了。

有经验的销售人员在销售中虽然会对光临的一群客户中的每一位的问题都会依次回答，别看他表面上好像没有什么特别的计划，但是他心里已经在判断谁是最后的决策人了，当他判断出之后就会分清主次，针对决策人的问题着重回答，既不会冷落了其他客户，也把决策人所最关注的问题详细解答。这就是成熟的销售人员应该具备的素质。

原理解析

那个最终拍板的人，就是买或不买是由他说了算的人。销售人员有的放矢，可以避免做太多的无用功，与拍板人直接做最有效率的沟通，自己的话才能真正发挥作用。

案例分析

这天，推销员甲到A公司："请问你们这里需要打印机吗？"

前台："不好意思，没听说公司有这方面的需要，您可以把名片留在这里，有需要再给您联系吧。"

甲想：唉，但愿这次会联系我，以前名片不知道留了多少，可就没见电话响过。

甲走后，推销员乙来到A公司："请问你们的后期制作部门在哪里？"

前台工作人员把乙带到后期部主管那里。

推销员向后期制作部门展示新款打印机的各项新增功能，一边讲解一边演示，并告诉主管他们公司内部所用的老式打印机所存在的各种缺陷及其对工作的影响，并现场操作展示了新款打印机的效果。当后期主管看到这里之后，感觉公司现存的打印机确实浪费纸张，分辨率不高，而且效果也不清晰。两人对此聊得热火朝天。

当时，后期主管就向上做了申请，申请为后期制作部门定购几台新打印机。

推销员乙并没有像甲那样没有目的地进行推销，他知道那样只会让自己的名片一个个石沉大海，这可并不是他想要的。

每个销售人员都不想自己辛辛苦苦讲了半天，而那个人并没有购买的决定权，那真的是很令人沮丧的一件事。聪明的销售人员会找到并确定谁是购买这个产品最终的决定人，这样才能一发即中，避免浪费唇舌。

虽然你面前可能站着很多位客户，他们七嘴八舌的询问把你弄得不知道该回答谁的问题好了，有人在意外形，有人在意价格，有人在意质量，有人在意环保，有人在意售后……总之，你会被客户的“指指点点”弄得晕头转向，这个时候，销售人员就可根据销售经验和观察能力快速分析到底谁是最后“说了算的人”，旁人只是作为保留意见提供参考意见的。所以，有时候，你只需把“关键人”的问题回答清楚，打消他购买时的疑虑，这一单十有八九就搞定了。

如果找不对关键人，说得再多也只是浪费时间，一句话，你很可能忙活了大半天也是竹篮打水一场空。

智慧点金

对产品爱不释手的不一定是决策人，也许拿钱包的才是。

拿钱包的也不一定就是决策人，也许年长的才是。

拥有购买决策权的人没有固定的模样，很难按常理来循，如果非要结合常理来看，那拥有决策权的往往有三类：一是年长者；二是年幼者；三是夫妻间比较强势的一方。

成交看信号，时机很重要

知识链接

学校要举行文艺晚会了，正是各大才子才女表现的好时候，借此秀一下各自的绝技。

这时台上出场的是“街舞”表演，另类的服装，激情高亢的音乐，几个活力四射的男孩把整场的气氛推到了最高潮，台下不断传来掌声和欢呼声，几个男孩也赚足了观众的眼球。

台下的晓宇看着台上精彩的表演，不禁羡慕感叹“好酷啊，我要是也会跳街舞，今天的主角也有我的份儿了，我一定要学街舞，明天就开始学”。看来谁都拒绝不了镁光灯的诱惑。

自从做了学街舞的决定之后，晓宇内心非常激动，好像他即将登上万众瞩目的舞台一般，紧张不已，也兴奋不已。

但是这种想法只维持到当天晚上。

晓宇朋友：“想学街舞，你想好了没，你是真的喜欢街舞吗？台上一分钟，台下可是十年功啊，况且还要学习。你能坚持吗？别告诉我你只是三分钟热度，学两天就放弃了。那样我可是要鄙视你的哦。”

听了朋友的话之后，晓宇躺在床上想了很多，他想：学街舞的确不是那么容易的，要花很多钱不说，关键是能不能学得好，自己有没有这个资质，自己是真的喜欢跳街舞呢，还只是观看时一时激动，羡慕别人在舞台上被追捧的感觉呢？

第二天，他便清醒了，再也不提学街舞的事了。热情已然减退了。

点题

生活中，人们会有很多一瞬间的感受，在那一个瞬间会产生很多的冲动想法；但过了那一瞬间之后，人们开始考虑的问题就多了。人们在购物的时候也是一样，在客户最想买的时候，果断地向客户提出购买的要求，成功的几率就会大很多。

开篇导读

销售的最终目的就是能与客户成交，但在双方成交之前，客户会表现出一系列的“成交信号”，即已经有意向想要购买产品了。只要在这个时候，销售人员能把客户此时担心的问题解决了，或者通过其他方式绕过客户此时的难缠问题，不被客户察觉出，及时让客户做出购买决定，成交就是一定的了。

对客户来说，如果销售人员过早地提出成交要求，客户会有一种“销售人员也太心急了吧，越让我买我越不买”的叛逆心理。如果客户对一件产品已经考虑清楚，只是在价格上还有点不能接受，想着销售人员数次讨论价格的问题；而销售人员却向客户不停地解说产品功能，客户最终可能就会丧失掉耐心而失去兴趣，销售人员因此也会错失本来可能成功的一单。

有时候，客户决定购买只是一瞬间的事情，如果在客户最容易产生购买决策的时候把握好火候，销售人员就算是看准了秒杀的时机。

客户“成交信号”的形式会有很多，表现出来的有明显的和较为隐蔽的信号。就看销售人员是不是有双“慧眼”，能及时地识别出来了。

当客户有以下表现的时候，销售人员就注意了，这可能就是客户无意识间发出来的成交信号——

成交信号

信号	暗示	举例
问价格	当客户开始询问价格时，如果客户在没有看上产品的时候他是不会浪费时间询问价格的，问价格表明已经有考虑购买的意向了	“这个型号现在啥价啊？” “别家好像没有这么贵！”
挑毛病	当客户开始对产品挑些无关痛痒的小毛病，可能是想将这所谓的毛病转变为现实利益，想让销售人员在价格上再退让一些而已	“你看你这衣服都皱了，还不便宜一点！” “就剩这几台车了，也没法让我们好好地挑，你看给个差不多的价……”
开始憧憬	当客户开始憧憬拥有该商品后的美好情景时，说明客户已经对此商品动心了，购买欲望已经非常强烈	“到时候我们把这个沙发摆在客厅，然后……” “有了这台车之后我们就去自驾游，回老家……”
询问售后	当客户询问售后服务怎样的时候，说明他已经开始想象自己买了产品，并开始考虑用了产品出现问题时的场景了	“这台车保修多长时间？” “产品出问题了你们会上门维修吗？”

原理解析

在销售人员与客户沟通的过程中，一定有一个阶段是销售人员与客户共同达到了最高程度上的一致，即销售人员所说的某句话打动了客户。销售人员就是要把握这个也许只是瞬间的购买时机。

案例分析

小凡是汽车推销员，最近公司又引进了几款新系列汽车，不仅外观时尚，性能也是无可挑剔。小凡开始与之前有意向的客户联系。

小凡为王先生介绍了汽车各方面的性能之后，他表现出了很大的兴趣，不断地询问汽车的细节问题。小凡想，卖汽车并不是像在街上卖白菜那样简单，一定要让客户对产品了解清楚，才能促使客户下决心购买。

几天后，为了让王先生更多地了解车的性能优势，小凡又向王先生补充了一些其他车没有的优点，王先生表示很喜欢，表示一定会购买。

这之后，王先生又与小凡取得联系，并询问新款车价格方面的问题。

为了拉近与王先生的关系，小凡又几次与王先生见面聊关于车的各种方面的话题。

可是半个月过去了，王先生的购买热情并没有像开始的时候那样高了，他开始关注车市的其他车型动态，还不断地与小凡介绍的车款不停地做比较，越是比较，就越是觉得每一辆车都不是那么完美。各方面感觉满意的，价格太高；价格能接受的，又不如后来看的高档车那么舒适。

就这样，本来很有可能成交的单子就这样丢了。

当小凡第一次说新款车出现的时候，客户是最激动的时候，也是最想拥有这款车的时候，可是这个时候小凡并没有果断地让客户订下，错失了最佳成交时期。

客户在买东西时，会有很多心理阶段，在每个阶段会出现很多的“成交信号”，但是客户第一次表现出高涨的兴趣是最重要的时机，如果不小心错过了这个时机，再让客户产生丝毫不用考虑就购买的决心就会比较困难了。

客户大部分时候买东西，买的不一定是这个世界上存在的各方面都完美无缺的东西，而是在当时他最想要拥有，表现出极大兴趣的东西。所以销售人员利用的就是“当时”那个阶段。过了那个“最想要”的阶段，很难再吸引他的兴趣。

就像有时候有些女生买衣服，在试衣的时候突然觉得很好看，甚至已经想好在什么场合穿它了，就不管三七二十一买了它，可是没过几天，却觉得这件衣服并没有自己想象得那么好。

当然不是所有的产品都赶在客户已经不喜欢之前让他买下，还是存在客户买这件商品的时候很喜欢，买了之后还是很喜欢的情况。但是客户对一个东西的热情度和耐心是会衰减的，这倒是真的。看准时机就是赶在客户最想买的那个时候让客户定下来。

智慧点金

客户的最佳购物时机虽然看似很难把握，稍不留神就错过了，但是，客户有意向要买的时候一定会表现出一些“信号”的。销售人员要学会“察言观色”。

当销售人员实在不能把握住一瞬间的“成交信号”时，或者客户的“成交信号”实在不明显时，销售人员这个时候宁愿判断错误也不要错过客户的“成交信号”。

哀兵引发同情

知识链接

下班高峰期，大家都急着能早一分钟回到舒适的家中，老李也不例外。

老李骑着一辆破摩托车，在繁忙的车流中穿梭，就在拐弯处，一不小心与迎面驶来的小汽车相撞了，竟然把对方的倒车镜撞坏了。老李赶忙下车查看。

按照交通规则，老李的责任更大一点，所以小汽车司机怒气冲冲地下车找老李理论，指责老李骑车不注意来往车辆，把倒车镜撞坏了，司机的争论引来了许多路人围观。

老李慌忙道歉，心里特别焦急，心想：倒车镜应该很贵吧。今天真是够倒霉的。

老李不禁流露出一副可怜巴巴的样子对对方说道："真是不好意思，我真诚地向您道歉。您大人大量别和我计较，好吧？我这也是急着回家看女儿，唉，可怜天下父母心。"

这时，路人也指指点点，说着——

"他开小汽车的，不会在乎这些小钱的，就不要为难人家了。"

"大家都是忙着回家，就不要计较了。"

小车司机听了这些之后，大家都把他捧到那么高的位置上了，如果再说什么，显得也太不近人情了，于是便挥了挥手，让老李离开了。

点题

即使小车司机态度再强硬，再无情，听到老李将自己与他之间的距离拉开的时候，小车司机向老李索赔的话便说不出来了。销售中也是这样，销售人员在适当的时候就可以把客户放到一个高的位置，客户的优越感得到满足的时候，再提要求就会比较容易满足。

开篇导读

销售人员也许会问“不用这样吧，难道客户不买，还要求着他买？”并不是这样的。例如，当销售服装的营业员恰巧碰到一名服装设计师时，也许会有这样的担心：“天啊，今天算是碰到对手了，今天的开场白该怎样说，该怎样向他解释我们衣服的优点和特点，说什么估计都是多余的吧，设计师应该什么都懂，而且应该比我懂很多吧。”此时，就不妨用真诚的态度与请教的心态向客户攀谈。

这里的“哀兵策略”是说要用真诚的态度将事实情况说出来，让客户处在一个高高的位置，而销售人员抱着学习改进的态度向客户销售自己的产品。这时客户会更容易答应许多条件，比较有利于销售。

销售的时候，难免会出现僵局，谁都不想再做退让，销售人员最担心的是就此词穷了，就要冷场了，冷场意味着客户就要和你说再见了，这个时候还有什么办法挽救呢？

客户真的是“铁石心肠”的吗？当然不是了，人心都是肉长的，只是你还没有触到客户的“软肋”。必要的时候，拿出“杀手锏”去引发客户的同情会有意想不到的效果。

这里的“哀兵”并不是已经打了败仗，而是采取一种姿态，一种相对于客户的一种“低姿态”。在销售中，当销售人员面对头衔比自己高，年龄比自己大，资历比自己深的客户时，态度诚恳地表达出自己的不足和相对的弱势，销售就会更加容易。

原理解析

“哀兵策略”就是为了博取客户的同情心，客户此时就会有一种高高在上的优越感，当客户认为自己现在的举动能帮助别人一下，都会因此而“动情”

的。所有的销售技巧都是为了能更好地销售；同样，销售人员与客户之间沟通“山穷水尽”的时候，这种“心理低位”的方式能让客户愿意与销售人员继续谈论下去。

案例分析

一天，小敏与朋友一起去逛街。

几个女孩子正逛得尽兴，突然从路边走过来一个女生，手里拿着宣传页，女孩子们见惯了大街上发传单的，只打算接过宣传页继续逛街，并不打算注意宣传页上写的什么。

女生：“我们化妆品店新开张，几位可以过去看一下。”

小敏：“现在没有时间，等有需要的时候再去，先从宣传页上了解一下。”

女生：“我们店就在对面，很近，店里请了专业美容讲师免费为客户诊断皮肤类型，然后根据各自皮肤的情况给出适合使用化妆品的建议，几位可以抽出一点儿时间过去看一下，我想各位平时一定很在意皮肤保养吧。”

小敏本不打算过去，因为她们知道进店后难免会被推荐购买化妆品，免费听美容讲师的建议，如果不买就走多不好意思啊。

小敏：“不好意思，你还是问一下别人吧，我们赶时间。”

女生：“如果你们能帮一下忙过去看一下，可以不用买化妆品，只要拿着这张卡进店，就可以帮我完成一个任务量，我们每个人都有固定的任务量。麻烦各位帮帮忙，我会非常感谢的。”

小敏她们几个听到这里之后，内心就有一点动摇了，看着同龄人的请求，几个女孩子也说不出不去的话了。

发宣传单的女孩也深知同龄女孩的心态，在告知可以免费听讲师的课时并没有打动她们，转而换了一种博取她们些许同情心的方法，就轻而易举地将她们请进了化妆品店，至于讲师能不能打动女孩们，这就是看讲师的功力了。分工不同，作为发宣传单的这位女孩而言，她的任务量又完成了好几个。

在女孩只要求小敏进店随便了解一下之后，小敏并没有决定听从女生的建议，但当女生放低了自己的姿态，以获取客户同情心的时候，确实对客户产生了效用，这时候，小敏她们几个到底需不需要化妆品，还是仅仅是帮女生一个忙已经不重要了，重要的是她们听到小敏最后的话真的进了化妆品店。

生活在这个大千世界，每个人都会不自觉地与别人在各方面做比较，如果能比对方“高出一点”，内心就会产生一种优越感。这种优越感都是在比较中才产生的，所以当出现一个“低一点”的人时，一个人的优越感就会得到满足。

有时候，客户会想“我真的不想浪费时间在这个不感兴趣的产品上。所以我并不打算与推销员有过多的交谈，好让推销人员识趣地离开”。

碰到这种情况，**销售人员先把挫败感放在一边，拿出想要请教的低姿态，询问客户自己的产品介绍是否对他还有不满意的地方，现在可以请他指正以便及时改正**。**当销售人员这样说的时候，客户就会把“冷若冰霜”的面具摘下来，转而告诉你他真正的想法**。

销售人员利用“哀兵策略”不仅拉近了与客户之间的距离，还会获取客户不购买的真实原因。

在获取这样重要的信息之后，销售人员可以根据具体的问题解决客户的疑虑，这个时候，虽然不能说“十拿九稳”，但是获得成功的几率毕竟就会大一点。

智慧点金

“哀兵策略”在销售中是“话穷”的时候，为了打动客户而采取的有效的营销策略，这个方法重在引发别人的同情心，所以只能偶尔使用。如果使用太频繁了，客户不仅会反感，而且还会引起客户的鄙视，不利于销售。

在使用“哀兵策略”的时候，销售人员一定是用诚恳的态度打动了客户，而不要让客户感到虚情假意，那样就失去了效果。

掌控思维，让客户“肯定”到底

知识链接

淘淘还在上幼儿园，可是最令妈妈发愁的是淘淘总不按时吃饭，还总是吃一些零食，妈妈说了几次都不管用。妈妈想看来要换一种方式了。

妈妈：“淘淘，来吃饭了。”

淘淘：“我不吃。”

妈妈：“淘淘是不是好孩子？”

淘淘：“是啊。”

妈妈：“好孩子是不是应该听妈妈的话？”

淘淘：“是的。”

妈妈：“妈妈的话是不是对的？”

淘淘：“是的。”

妈妈：“那淘淘长大了要不要保护妈妈？”

淘淘：“我会保护妈妈的。”

妈妈：“只有淘淘长得高高壮壮，才能保护妈妈，淘淘想不想长得高高壮壮的？”

淘淘：“想啊。”

妈妈："那淘淘就要按时吃饭，还要吃得很多，这样才能很快长得高高壮壮的，来，快来吃饭。"

淘淘："好的。"

点题

妈妈把淘淘带到了一种肯定的模式中，于是淘淘就一直回答"是的""好的"，所以当妈妈最后让淘淘吃饭的时候，淘淘也很快回答"好的"，这就是肯定模式的暗示作用，妈妈很快达到了自己的目的。

在销售中，销售人员如果想引导客户，想让客户按照自己的思路走，就可以用这种"掌控客户思维"的肯定模式，让客户回答"是"，这样也很利于最后成交。

开篇导读

怎么能掌控客户的思维呢？每个人都有自己的思想，怎么能被销售人员掌控呢？在生活中，有很多这样的例子，只是很多人没有注意罢了。就像一个人在心情好的时候看什么都是好的，就算是平时不顺眼的人也会有不一样的感觉；而心情不好的时候，觉得周围的一切都暗淡无光。同样的道理，当一个人听了几个很好笑的笑话之后，即使下一个不是很好笑，这个人还是不能停止发笑。

当客户刚开始挑选产品的时候，想让客户听从销售人员的意见是很难的，因为客户还在按照自己的思路思考。如一个客户刚进到一家店里，店员就说："买这一款吧，这一款绝对适合你。"只要是稍微有点主见的人都不会立即买下店员推荐的那一款，所以想让客户签订单几乎是不可能的。

在销售中，销售人员都很希望客户按照自己的意愿选购产品，但是事情并没有那么容易，这就需要一定的方法来引导客户，把客户带到一种模式中。

当看到一个客户的车很破的时候，销售人员就可以问："这车一定跑了很多公里吧？”这样的问题客户是无法回答不是的；或者销售人员说：“今天的天气真冷。”只要不是存心想和你作对的客户都会回答“是的”。

就用这样的方式一步步引导客户。**当客户回答了一连串的“是”之后，销售人员再问客户关于产品的问题时，客户很难再回答“不”**。

而另一种情况就不一样了，如果销售人员问了客户很多问题，客户的回答一直是“没有啊”“我不觉得呀”“不是的”等答案时，客户已经形成了否定的模式。如果此时，销售人员再问客户关于产品的问题时，想让客户有肯定的回答也是很难的。

如果销售人员想让客户用肯定的语言来回答自己的问题，就要设置几个同样可以让客户用肯定语气来回答的问题，这样客户才能走到销售人员设置的肯定模式中。

原理解析

人的心理都会在不知不觉中受到暗示，掌控客户的思维就是利用肯定模式来暗示客户的心理，让客户在不知不觉中被引导。

案例分析

夏日的一天，张女士来到××品牌家具店，导购热情接待了她。

导购：“外边天气很热吧？您先凉快一会儿。”

张女士：“热，要不是急着买家具，这么热的天，谁也不愿意出来。”

导购：“房子已经装修好了吧。”

张女士：“是呀，刚装修好。”

导购：“装修房子是一件很累人的事情，什么事情都要亲力亲为。您这一段时间肯定累坏了吧！”

张女士：“哎，别提了，我的腿都快跑断了。”

导购：“但看着装修好的房子还是很有成就感的，毕竟是自己的房子呀。”

张女士："说的也是，总算弄好了。"

导购："现在房价涨得越来越高，您真有先见之明，您买的时候肯定比现在便宜多了吧？"

张女士："是呀，幸好几年前买了，要是现在买，根本卖不起啊。"

导购："自己有房多好啊，我们不知道有多羡慕呢，再累也值了。这家具一买，您一家人就可以高高兴兴地搬进去住了。"

张女士："是呀，马上就大功告成了。"

导购："家具也赶紧买，买得越早越好，我给您介绍几款卖得比较好的……"

张女士跟导购聊了这么久之后，很愿意听从导购的介绍，很快，张女士就签单了。

来看看导购问客户的第一个问题，是关于天气的问题，这样的问题大家都会是同样的感受，所以当导购问"外边很热吧"时，客户肯定会回答"热"，这是没有任何悬念的问题，虽然这是与销售没有关系的问题，但作用却非常大，也是与客户交谈的关键开始。

接下来的问题就是顺其自然和水到渠成的，而且都是站在客户的角度询问的，因为客户有切身的体会，所以这样的问题都问到了客户的心坎里，客户愿意交谈。如销售人员问客户"装修一定累坏了吧"，没准客户本来对装修房子很累这样的体会有一肚子话要说呢！当销售人员这样问的时候，客户很愿意说出自己的感受，也好让别人能感受到自己装修房子有多辛苦。

在销售中，销售人员很害怕遭到客户的拒绝，因为那样通常意味着销售行为要失败了，**销售人员与其考虑"怎样让客户由拒绝转变为接受"，还不如考虑如何让客户从一开始就不拒绝**。虽然客户只是从口头上回答了"是"，其实客户的整个思维状态都已经进入了肯定的状态中。

当客户回答了很多"是"的时候，他不仅已经进入到了肯定模式中，而且还会觉得与导购谈得很投机，所以，从这个角度说，也很利于接下来的成交。

智慧点金

运用“肯定模式”来引导客户的时候，一般要用超过5个以上的问题让客户回答“是”，这样才更容易开展后面的引导。而这些问题一定是客观存在的，客户也一定会回答销售人员的问题，这样才能达到引导的目的。

Part 4 人情篇

我们的宗旨：利用“人都是情感动物”这一本质

我国有句俗话叫：“动之以情，晓之以理。”意思是说在与对方交流的过程中，用感情打动对方的心，讲道理让他明白。在公民素质不断提高的今天，讲道理让对方明白已不再是问题，因此，“动之以情”便成为与人沟通中的重点。同样，在与客户的沟通中，产品是否适合客户？质量是否过关？大多数客户都能够自主判断，销售人员与客户的感情便成为销售成功的关键所在。

让客户觉得对你“过意不去”

知识链接

王建在××小区刚买了一套小户型的房子，准备装修完之后出租出去。经过一个月的精心装修后，一套精致的小户型房子终于弄好了。接下来他便在网站上刊登了招租广告。

广告登出去后，没想到租房子的人还挺多，一天四五个电话要求看房。王建在××外资企业工作，平时工作比较忙，刚开始有租户打电话租房子的时候，他都是向单位请假带租户去看房子，心想：“只要房子租出去，自己就安心了。”谁知，看房子的人挺多，能够谈妥的却很少。这让王建很为难，因为他不能经常请假带租户去看房子，这样做不但会影响自己的工作，而且也会给领导留下不好的印象。

李师傅是这个小区的物业人员，这天，王建抱着试试看的态度找到了李师傅，希望把房钥匙留给李师傅，有租客看房的话直接让李师傅带着去看，这样自己就不用来回跑了，有事直接打电话就可以解决。

王建向李师傅说明情况之后，李师傅爽快地答应了，这让王建很高兴。在接下来的时间里，只要有人打电话租房子都是李师傅带着租客去看房，在涉及价格问题的时候，都是李师傅打电话给王建。

有一次，一个租客晚上打电话要看房，并说白天没有时间。李师傅晚上也下班了，而王建正好在外地出差。李师傅得知情况后，打电话给值夜班的同事带着租户去看了房。

不久，王建的房子租出去了，李师傅所做的一切让王建很感动，心想，人家作为物业，在职责之外帮自己做这多事，让他很是过意不去。这天，王建来到物业，带着感激的心情找到了李师傅，邀请李师傅去吃饭，而李师傅婉言拒绝了。

事后，王建心里总是觉得对李师傅过意不去，于是他为李师傅做了一面锦旗，送到了该小区物业。

点题

生活中经常会遇到一些让我们感动的事情，例如，你走路时东西掉了，路人帮你捡了起来；工作上遇到了困难，同事帮我们顺利地解决了，等等。得到别人无偿帮助和关怀，我们心里除了感激之外总觉得欠对方点什么，心里总是过意不去，产生了心理“失衡”现象。为了平衡这种心理，在条件允许的情况下我们总会想付出点什么，主动为对方做些事情。这是一个很正常的心理活动。但如果受感动、心里感到过意不去的人是客户的话，成交岂不是会更加容易呢？

开篇导读

让客户对销售人员感到“过意不去”也就是要让客户产生感激的心理，或者说是一种亏欠的心理。从前面的例子中我们可以很清楚地看出，这也是为什么王建要请李师傅吃饭，在被婉拒后他依然为李师傅做了一面锦旗的原因。

作为一个正常人，在产生“过意不去”这种心理后，一般都会想方设法地去平衡。当然，**在客户与销售人员未成交时，如果客户对销售人员产生“过意不去”的心理，他肯定不会用请吃饭、送东西等方式来调节心理的不平衡。通常都会在某些异议上让步，或者在犹豫不决时再次光顾选购，或者直接购买。**

我们每一个人都是消费者，这样的事情也曾经在我们的身上上演过，你是否记得在去××品牌店买服装的时候，销售人员以“姐”“哥”相称，热情地给你介绍款式，给你倒水，在试衣间门口恭敬等待你试穿衣服，等等。也许你没有看中这件衣服，但当你离开的时候心中总有那么一丝感动；你是否记得在你装修房子的时候，××装修公司的业务员在没有签订合同之前又是量房子尺寸、设计图纸、估算价格，又是开车带你看样板房，这时如果你要拒绝对方的话总会有那么一点不好意思。

同样的道理，销售人员在与客户沟通的过程中，如果能够让客户产生这种“过意不去”的心理，就等于是与客户建立了一定的感情。即使客户不太喜欢你的产品，他也不会轻易拒绝，而是会与其他商品进行认真对比。而且，如果客户对你的产品产生了一定的好感，与其他没有“过意不去”心理的客户相比，他做购买决定的速度要比其他人快很多。

原理解析

当一个人看到对方为自己做得太多时，就会产生一种愧疚心理，而且这种愧疚心理是与一个人的正义感强度成正比的。客户的愧疚感越强，他抚平这种不平衡心理的欲望就会越强，与客户之间的感情就会越深，对销售成交便会越有利。

案例分析

丽文大学毕业一年，一直在一家清洁品销售公司从事销售工作，由于业绩一直不错，收入在本地区来说颇为可观，让同事羡慕嫉妒恨；加上她自己也喜欢销售工作，所以，她准备以此作为自己的终身事业。其实，丽文的业绩突出并不是因为她能说会道，而是积极热情与服务真诚周到。

这天，她拜访一位皮革沙发公司的老总，到了老总办公室后，她首先做了简单的自我介绍及产品介绍。

该老总示意让丽文坐下后，微笑着说："真不好意思，尽管我们清洁用品的用量比较大，但是我们已经在和一家清洁品销售公司洽谈了，而且各方面都还不错，所以……"

老总的话说得很委婉，丽文也不好再极力推荐，因为她知道，在这种情况下再极力介绍自己的产品只会让客户产生反感。

于是她微笑着说道："没关系，只要产品适合公司就是最好的，这样，既然来了，我正好带了一瓶样品，我把我坐的这个沙发给您保养一下吧。"说着丽文拿出了产品便开始干上了。

老总见状，急忙说："不用不用，真不用这么麻烦，我不买你的产品，而让你保养我的沙发，这多不好意思啊！"

丽文边干边说："没关系，我很快就做完了，就当我们交个朋友嘛！"

十几分钟后，丽文便干完了，临走的时候说："今天很高兴交到您这个朋友，刚才我给您的名片上有我电话，有事尽管给我打电话。"说完，丽文礼貌地走了出来。

丽文走后，老总看着保养得崭新发亮的沙发，想想丽文刚才亲自保养沙发，觉得她真是一个实在的人，心里总觉得过意不去，再仔细看看他们的产品，确实很不错。

老总拿起了电话："是采购部王经理吧，这次清洁用品我们分两个公司定，另一家公司的资料你现在来我这拿……"

最后，做皮革沙发公司的老总显然改变了注意，把原先准备在一家公司定购清洁品的计划改成了分别在两家定购，新增的这一家就是丽文所在的公司。而老总这么做的原因就是丽文的销售技巧成功地发挥了作用。

在上面这个案例中，说到销售技巧有些销售人员可能会感到迷茫，心想在整个销售过程中哪里有销售技巧呢？

案例中销售人员丽文的行为让老总感到心里"过意不去"，从而使该老总改变原先只准备在一家公司定购清洁品的计划，让自己公司拿到一部分订单。

丽文热情认真的态度，以及亲自卖力地免费保养客户的沙发致使老总过意不去，这便是她运用的销售技巧。

换位思考，假如你是该老总，遇到像丽文这样的销售人员，你会怎么办呢？相信大多数人都会被丽文的这种方式触动，产生“过意不去”的心理。对于销售人员来说，这便也是一种成功。

刚才我们说到丽文的这种方式对大多数人来说会被触动，而对于一部分人来说，他们会无动于衷，甚至觉得销售人员的这种行为是理所应当。这就涉及另一个问题，让客户“过意不去”的界限问题。有的客户对销售人员让自己“过意不去”的方式或者方法见得多了，会觉得这是销售人员该做的；有的客户性格外向，处事粗枝大叶，对销售人员的关爱没有注意到或者没有放在心上，所以他不会感到“过意不去”。相反，有的客户处事细腻，对销售人员的举动一一都看在了眼里，并且触动了自己，这时，他便会感到“过意不去”。

那么，对不同的客户，我们该用什么方法打破这种界限，让客户对我们感到“过意不去”呢？

第一、热情、积极的销售态度

这是让客户感到“过意不去”的基本要素。如在接待客户的时候要及时问候，除了常规的问候方式如“先生”“小姐”之外，还可以适时用一些较为亲切的问候方式，如“大哥”“大姐”等，要积极为客户倒水。

第二、服务周到

想客户所想，急客户所急，时刻站在客户的角度考虑问题。如你是汽车销售人员，客户抱着孩子在大厅看车时，你需要及时送上婴儿车；客户的孩子哭闹时，你需要及时送上玩具让孩子开心等。总之，要客户在想到或者说出自己的需要之前，你就做到了。

第三、只求付出，不求回报

有些销售人员之所以不能够打动客户，让客户产生“过意不去”的心理，主要原因是功利心太重。总想着自己的付出要得到客户的回报，往往越是这样，客户越是觉得你的所作所为理所应当。所以，在与客户沟通过程中，该付出的一定要付出，不要过于计较得与失。首先要打动客户，如案例中的丽文，如果她太过于计较付出与回报，那么她就不会免费为客户保养沙发，客户就不会定购她的产品。

无论客户多么“江湖”，多么“老道”，他们在与销售人员沟通前，对销售人员的态度、服务以及其他工作有一个标准，也就是前面说到的“过意不去”界限，不同的人的这个界限是不同的。但是，只要我们紧抓以上三条，在方式上突出新意，都会超越客户的这种心理界限，让其感到“过意不去”。

智慧点金

让客户对销售人员产生 “过意不去”的心理，可以让观望的客户认真考虑产品；可以让犹豫不决的客户做出购买决定。销售人员需要更多不求回报式的付出，以及别出心裁的服务方式，这样才能从心底打动客户。

让客户觉得与你“志同道合”

知识链接

××单位有这样两位年轻的同事，小张和小刘，他们无论在个性、生活习惯、工作风格，以及对某些事情的观点上都格格不入。如小张说某件事这样做是正确的，小刘必然会提出反对意见。为此，两人在单位很少说话，在私下生活中，更是形同陌路。

这天，单位接到了一个新项目，为了攻克这个项目，领导不得不将他们分在一个小组工作，让他们联手钻研。然而，尽管如此，除非工作需要，两个人才有交谈，在私下，两人依然好似陌生人一般。

领导及其他同事看到这种情形很是担心，如果任由这两人的关系继续这样下去，项目进度肯定会受到影响，而且项目最后是否能够取得成功都很难说。于是，大家商议着如何改善两人的关系。

最后，大家决定和小刘小张一起去吃一次饭，希望在饭桌上能够改善两人的关系。这天下班之后，他们来到了一家餐厅，并特意将小刘与小张的座位安排在了一起。同事们也准备了很多话题来改善两人之间的关系。在点菜的时候，当服务员问道：“你们想吃点什么呢？”

小刘和小张异口同声地说道：“牛排。”话音刚落，两人四目相对，双方不禁都对笑了起来。在场的同事看到这意外的现象，也都笑了起来，并适时进行了调侃。

因为两人在这次吃饭时发生的这种巧合，此后，两人打破了原先的僵局，在项目研究上精诚合作，很快完美地完成了该项目，并且成为了很好的朋友。

点题

在人际沟通中，无论多么琐碎的事情，只要找到与对方的共同点，并与对方进行匹配、强调，都会产生共同意识，这是心理学中常用的沟通技巧之一。故事中小刘与小张之所以能够冰释前嫌，通力合作，关键因素是在用餐中他们找到了彼此的共同点，尽管是一件很小的事情，但却能够让他们彼此感受到一种亲切，一种志同道合，为此，两人之间的距离也会被迅速拉近。

开篇导读

在探讨销售人员与客户之间的“志同道合”之前，我们先来分析一下两个陌生人之间的共同点。对两个陌生人来说，彼此一旦找到或者产生共同点，那么在交谈的过程中就不会有那种因初次见面而产生的紧张感，而且还会产生一种亲近感。如应聘人员在面对面试官的时候，如果双方对某个问题有共同的观点，那么，应聘人员的紧张就会减轻很多，而且还会感觉遇到了知己。在这种状态下，心理距离就会被拉近，某些观点话题也会更容易让对方接受。

销售人员与客户之间通常是一种陌生的关系，因此，也可以利用寻找“志同道合”的方法拉近彼此之间的距离。但需要注意的是，销售人员与客户之间的陌生沟通与其他陌生人之间的沟通又有所不同，销售人员与客户始终是一种利益交换关系，客户的目的是以最低的价格买到最实惠的产品，销售人员的目的是通过商品从客户这里获取最多的利益，这两者之间始终是矛盾的，所以，销售人员要从利益角度出发寻找“志同道合”的元素肯定是行不通。

销售人员需要从“志同道合”的本质出发，如彼此之间的爱好兴趣、对某些事物的相同观点与看法等。找到了这些，对销售人员的销售工作将有很大的推动。

作用一、降低客户常有的戒备心理

由于销售工作复杂多变，当下很多客户对销售人员都会有一种戒备的心理，生怕自己被“忽悠”。但如果两人在某一问题上找到共同点，如客户非常喜欢足球，而销售人员也很懂，这时两人便会热切地交流起来。交谈中，客户的戒备心理便会慢慢降低，相处起来会更加融洽，没有距离感。

作用二、提升客户的热情度

客户没有热情时，购买的欲望就会降低，随之成交也就变得困难。但是，“志同道合”的共同因素可以提升客户的热情度，购买欲望也会在无形中被提升。如你在逛街时看到某商品很有意思，于是你上前寻看但并没有想购买的打算。而在销售人员聊天的过程中产生了相见恨晚的感觉，你的热情被极大地调动起来，这时你就可能会购买该商品。

作用三、形成“老客户”

所谓老客户就是能够经常购买你的产品，长期形成交易的客户。老客户的形成除了销售人员的商品物美价廉之外，最重要的一点就是拉近彼此之间的感情，尤其是建立“志同道合”的感情因素，能够长久地维持这种交易。

原理解析

审视与你经常交往的人，大多是与你志同道合，你和他们能够保持联系，也许是因为喜欢音乐、运动等，而这些也是你所喜欢的。为此，你与他们的距离会更加亲密。在与客户构建“志同道合”的关系之后，彼此之间的距离也会被拉近，最后的成交会更加容易。

案例分析

李辉是××家具销售公司的销售人员，这天他得到了朋友“线报”，说××出版集团在当地刚刚成立了一家规模较大的公司，正在进行办公桌椅、书架等方面的采购。得知此消息后，李辉第一时间赶到了该公司，并成功约见了主管采购的经理。

李辉首先做了一个简单的自我介绍，并推荐了相关产品。该经理拿着产品介绍册看了看后，皱着眉头说："你们办公桌椅风格很单一，而且很古板！没有新款嘛！"

李辉："新款的有，我们可以给您专门设计，也可以根据您的需求为您定做。"这时，该经理耸了耸肩，似乎要结束对话，但又随手翻到彩页后面的报价，看起了后面的报价。

李辉感觉到情况不太好，随即微笑着说："你们公司是做图书出版的呀，我有个表弟是做出版的，听说现在市场不怎么好啊！"

经理："是啊，近几年来是不太好做，尤其是好的选题，特别难找。"

李辉："嗯，外版书应该好做一些，而优秀选题的开发确实是当下很多出版机构的大问题。"

就这样，李辉用自己所了解的出版知识和该经理聊了将近半个小时，临走的时候，该经理微笑着说："今天和你聊得很开心，这样吧，这份资料我留下，你回去后设计一份适合我们图书公司的办公桌椅以及书架，你后天早上来找我，我们再谈吧。"

很多销售人员都知道在与客户关于产品沟通出现瓶颈的时候，要从感情上进行突破。为此，很多销售人员都会与客户展开聊天式的沟通，但达到案例中李辉这样效果的却很少。其主要原因是没有找到与客户"志同道合"的话题。

结合生活中经常遇到的一些事情，更深层次地阐述与客户建立"志同道合"因素的重要性。平时，我们在请求某人帮我们办事的时候，通常会制造一个共同的"敌人"，并把他作为"批判"的对象，最后的结果往往是因为彼此之间的利益一致，关系更加亲密，对方也会更加愿意帮忙。原因是在探讨的过程中因为利害相同，产生了共鸣，**因为"同病"，才得以"相怜"**，这就是心理学上常说的"卷人效果"或者是"标签效应"。

要让客户感觉到与你“同病相怜”，和你是志同道合之人，我们需要从以下两个方面入手：

第一、寻找相同的兴趣点

这一点需要销售人员在拜访之前对客户有一定的了解，或者销售人员在与客户沟通的过程中要善于观察与分析，现场发现客户的兴趣点，并选择客户感兴趣或者擅长的领域进行探讨，必然会让客户产生“志同道合”的感觉。

第二、找到相同的状态点

例如，客户对你的产品不感兴趣，而如果你们恰好都有一个参加高考的孩子，这时双方的感受都会相近或相同，客户就会对你产生好感，特别是在探讨孩子高考问题时，更会产生志同道合的感觉。

智慧点金

只有“同病”者才易“相怜”，找出与客户的共同点，这样才较易和客户引起共鸣之感。寻找共同的“痛苦”经历，使客户有“志同道合”的感觉。同时，销售人员需要不断丰富自己的知识面，这样才会将该技巧发挥得淋漓尽致。

让客户觉得唯你“值得信任”

知识链接

王楠刚买的房子要装修了，这几天有好多家装修公司给王楠打电话，希望他们能够为王楠设计装修。为此，王楠在自己的毛坯房中与几家不同装修公司的装修顾问进行了面谈。

第一家装修公司的装修顾问与设计师首先对各个房间进行了尺寸测量，然后设计师向王楠口述了一下自己的设计想法，如客厅应该设计成什么风格，卧室什么地方该做衣橱等，听了设计师的口述后，王楠还算比较满意。当王楠问到施工标准时，该设计师笼统地说：“这个您放心，我们是按照国家标准来施工的，质量一定是最好的。”

下午，王楠与第二家装修公司进行了面谈，同样，这家装修公司的设计师也做了一个初步的设计规划，王楠觉得还不错。当问到施工质量时，这位设计师说：“您是我们公司在这个小区的第一个客户，肯定用我们公司最好的施工工人。”

王楠听了这家装修公司的介绍后，对其他都挺满意，就是对装修质量上总觉得心里没底。所以，第二天他约了第三家装修公司进行面谈，决定在这三家公司中确定一家。

这家装修公司也同样做了之前两家装修所做的工作，在回答王楠的装修质量问题时，该装修公司的设计师说："这个是按照国家施工标准操作的，如防水层从地面延伸到墙面，高出地面100毫米；浴室墙面的防水层不得低于1800毫米。室内墙面、柱面和门洞口的阳角做法应采用1∶2水泥砂浆做暗护角，高度不低于2米，每侧宽度不小于50毫米……这些我们在合同中都会列出来，到时候您可以按照这个标准来验收。"

王楠听了该设计师的话后觉得很是专业，而且每个项目标准都很细化，的确是一家很专业的装修公司。当天下午，他便与该公司签订了装修合同。

点题

客观地评判这三家装修公司哪一家更好，相信很多人都难以判断，因为他们提供的都是一些表面的东西。王楠之所以会选择第三家公司，并不是这家公司一定比前两家优秀，而是这家公司让王楠觉得很专业，赢得了他的信任。

开篇导读

在人际交往中，信任是让两个人情感升华的基础，如果没有信任，即使再怎么熟悉的两个人也会如同陌生人。**因为不信任，处处防备；因为不信任，时时怀疑**。特别是在销售工作中，如果客户对你不信任，那么成交就会变得很难，尤其是一些金额比较大的商品。

作为销售人员，你肯定遇到过这样的情况：你在积极热情地为客户介绍产品，而客户却似乎像没听见一样，对你不理不睬，只顾自己看自己的；当你询问对方问题时，客户也只是简单地给予回答；或者客户看似在认真听你的介绍，但是却没有要询问的意思……这些现象都是客户对你不信任的表现。

因为客户对销售人员不信任，他们在听销售人员讲话的时候总持有三分怀疑，不会轻易接受销售人员的意见，也不会轻易做出购买决定，这便阻碍了销售的进程。

在当代，销售最大的问题已不再单是“打价格战”“硬碰硬”的问题，而是客户对销售人员的抗拒问题。尤其是对一些知名度不是很高、价格却较高的产品，客户常常怀有一种戒备的心理。客户在与销售人员沟通的过程中，他们会通过与销售人员的语言交流，对环境及销售人员言行举止的判断，最后决定是否购买该商品。**判断的标准以及消除客户对销售人员抗拒问题的方法便是信任，只有销售人员赢得了客户的信任，才能促进客户做出购买决定**。

当然，每个销售人员都想赢得客户的信任，尤其是对一些竞品，他们都想让客户从自己这里购买产品，为此他们会做很多赢得客户信任的工作，而这时，你的目标是让客户觉得唯你“值得信任”。

原理解析

客户之所以迟迟不购买产品，通常是因为他对销售人员带有防备心理，对产品还有所怀疑，而在销售人员赢得了客户的信任之后，客户对销售人员的防备就会消除，对产品便会主动地做进一步深入了解，销售人员的建议也会更加具有实际意义，这时，销售便会被快速推进。

案例分析

老杨是××建材市场的水泥销售人员，年初，水泥市场在疲软、低迷中徘徊，交易相当冷清，老杨的心情不是很好。

这天上午，一位客户来到老杨的经销店，问道：“有没有强度32.5的水泥？”

老王回答道：“有呀，你要哪家的？想开多少？”

客户：“要10吨吧，价格便宜一点就行，下午提货，工地等着急用呢。”

老王：“可以啊，××品牌，420元一吨；再给你优惠10元，410元。再低就不行了。”

这时客户看了一下优惠活动，有点生气地问道：“你们这不写着有更便宜的水泥吗？才390元一吨，为什么不卖给我？”

老王："不是我不卖给你，一分价钱一分货，这批货是半年前生产的，而且厂家的资质也比较低，强度不够，所以价格便宜。"

客户听了老杨的实话实说，觉得反正都是盖房子，况且价格相差这么大，于是对老杨说："就要这种便宜的吧，都一样用。"

按照客户的要求，老杨以390元每吨的价格为客户开了10吨的票，客户很是高兴，下午便付款，拉走了货。

两天之后，客户找到老杨，"不好意思呀，上次在你这里买的水泥，拿去之后，工地的监理通不过，说是强度不够，会严重影响工程质量，不能用，你看能给退了吗？"

老杨并没有责备客户，依然微笑着说："你买的时候我就跟你说过，这批水泥的强度不符合你的要求，这不，又要退货了吧！"

客户显得有点不好意思，老杨还是微笑着说："按照规定，卖出去的水泥是不允许退货的，今天就破例一次吧，下次买的时候可要想得全面一些，不能只考虑价格便宜，一分价钱一分货。"

这时，客户脸上露出了感激之情，想想老杨之前所说的话，句句都是真话啊，为此对老杨产生了好感。

老杨在为客户办完退货手续后，正准备将货款打到客户的账号上时，客户接到了一个电话，原来老板让他再采购20吨强度为42.5的水泥。客户高兴地对老杨说："货款先不用退了，我们要再采购20吨强度42.5的水泥，要求是大品牌。下午我把不够的货款给你拿过来。"

老杨："行啊，价格再给你每吨优惠10元吧，你看咋样？"

客户："没问题，我信得过你。"

此后，这位客户便成了老杨的老客户。

案例中销售人员老杨能够把客户变成自己的老客户，其原因是他真诚待人，实话实说，赢得了客户的信任。作为销售人员，不管你是如何能说会道，不管你的产品是如何优质，如果客户不信任你，成交便会被无限地拖延下去，乃至被客户“温柔”拒绝。

丢单是销售工作中最常见的事情，每一个老销售人员都有丢单的经历，如果你听说某个销售人员没有丢过单，那他就不算是一个成功的销售人员，因为他做的都是有100%把握的项目，他浪费了很多的客户资源。丢单的原因有很多，如客户觉得产品对自己没用、客户不想现在买、客户预算不够以及客户没有信任感，等等。据调查，在这些原因中，因为客户没有对销售人员产生信任感而丢单的比例是最大的。

那么，我们该如何赢得客户的信任感，让客户觉得唯你“值得信任”呢？

第一、体现专业的行事标准

主要包括外在形象、商务礼仪、行为举止等。如准时到达会谈地点，在见面后主动与客户热情打招呼，承诺客户的事情在规定时间内做到等。对客户来说，他希望销售人员是专业的，能够解决自己的问题。所以，销售人员必须在第一印象上就满足客户的心理需求，否则就会产生心理落差，影响客户对销售人员的信任度。这就是为什么很多大企业的销售人员整天西装革履拜访客户的原因了。

第二、体现专业的工作能力

主要包括销售人员的产品专业知识及解决问题的能力。丰富的专业知识是赢得客户信任的最主要因素，对产品如果你懂得还没有客户多，显然客户是不能够信任你的。因此，你必须要让客户觉得：**你就是行家甚至专家，你有能力解决客户的问题**。有以下一些技巧需要把握：

1.提出切实有效解决问题的方案

如果你是一位新销售人员，没有太多的销售经验，那么就直接提供解决客户问题的方法，以此来展示你的专业性。

2.列举成功案例

通常在销售人员的销售资料中都会有一些能够说明公司实力的典型客户，目的是借助这些案例增强客户的信任感。销售人员可以通过口述或者资料呈现的方式向客户传递。需要注意的是，在介绍这些案例时，销售人员需要熟悉客户资料，包括公司背景、产品使用情况、联系部门、相关人员、联络电话及其他资料等。如果只是简单告知客户名称，而不清楚具体细节，会给客户留下很多疑问，反而会弄巧成拙。

3.用提问彰显专业性

提问时销售人员需要掌握一定的技巧，如销售人员问采购人员：“你们公司的采购是如何进行的呢？”这就显得有点笼统且不专业。而如果销售人员问：“其实，采购物品的准确性、数量的准确性、提货期的准确性是影响采购计划准确性的关键要素，您是如何控制这几个要素的？”这样的提问就显得专业多了。

第三、让客户与你产生共鸣

该要点也是本书第四章第二节所阐述的内容。

第四、积极展现你诚实的一面

1．销售人员需要站在客户的角度为客户着想

不仅关心自己的利益更要关心客户的利益，在销售的整个过程中都要具有双赢的思维，明白只有为客户谋利益自己才会得到利益。

2．不可“侵略性销售”

在中国不知道什么时候出现了这样一批销售人员，不管客户喜欢不喜欢，都会向客户坚持不懈地推销自己的产品，第一次客户不接受，就去第二次、第三次、第四次……只要该客户不接受，就会像“瘟疫”一般缠住客户，试想，如果你是客户，你会喜欢这样的销售人员吗？你不会觉得这样的销售人员别有用心吗？

第五、沟通方式

1.表达能力要清晰

客户的目的是了解产品，如果销售人员在介绍产品的过程中缺乏清晰的思路和方法，不能言及重点，无法把产品的利益点准确传达给客户，就会造成客户对产品不了解甚至是误解，也会影响客户的信任度。

2.懂得倾听

倾听是最好的沟通方式，认真耐心地倾听客户的问题会让客户感受到你对他的重视，信任度会油然而生。

智慧点金

赢得客户信任是销售成功的快速推进剂，销售人员的自信，扎实的专业知识，真诚的沟通方式是取得客户信任的主要准则。尤其是全面了解产品是销售人员与客户沟通的基础，也是解决客户问题的关键因素。

让客户觉得和你“无需计较”

知识链接

菜市场，一位大妈指着青椒问商贩：“这菜多少钱一斤啊？”

商贩：“2块6。”

大妈：“怎么这么贵，便宜点？”

商贩：“便宜不了，这都不挣钱。”

大妈：“怎么便宜不了？昨天买的时候才2块5，就按照2块5吧。”

商贩无奈地说：“行！行！就给你按2块5。”说完，商贩开始为大妈拿青椒上秤。

大妈：“你别拿太大的，给我拿小一点的，小一点的嫩；那个发黄的不要，给我换一个……”

商贩按照大妈的指示，捡好了青椒，放在秤上开始过称。

商贩：“正好4斤2两，总共10块5。”

大妈：“那有4斤2两，你看秤那么平，这样，算4斤，给你10元钱，正好凑一个整数。”

商贩看着大妈，露出很是无奈的表情，心想：“如果人人都像你这样斤斤计较，我还怎么做生意啊！”

点题

故事中大妈显然是一个斤斤计较的人，商贩为此也很是无奈；现实中类似大妈这样的客户有很多。对任何一个销售人员来说，他们都不愿意遇到像大妈这样斤斤计较的客户，因为与这类客户打交道会产生很多麻烦与无奈。

开篇导读

每一个销售人员都希望客户能够按照自己的意愿顺利地完成销售工作，但这仅仅是一个梦想，因为销售工作是一个利益交换的过程，这与客户的自身利益有直接的关系，所以，客户总不免要和销售人员斤斤计较一番，只不过因客户的性格、需求、处事方式不同，每个客户斤斤计较的程度也会不同。

无论什么样的客户，销售人员都需要认真对待。**对于斤斤计较的客户也是如此，销售人员无法逃避，只有选择面对**。

客户计较的原因有很多，例如，产品的价格，销售人员已经将产品降到了最低价，而客户却坚持要求继续降价；产品质量很好，只是外包装有一点破损，客户因此不愿意购买或要求更换，等等。客户的这些计较在很大程度上影响了销售的进程，甚至阻碍了最后的成交。

要让销售工作减少阻碍，清除客户心中的这种“计较”显然很有必要，当然，要让客户在交易中觉得与销售人员“无需计较”，仅仅依靠销售人员说“你放心吧，肯定给你最优惠的价格、最优质的服务”这是不太现实的。销售人员需要从个人感情出发，深入地与客户进行沟通，运用某些技巧，让客户从心底里觉得和你“无需计较”，这样不仅可以更加顺利成交，而且还能够稳固与客户之间的关系。

原理解析

当一个人与你斤斤计较的时候，你们之间的沟通肯定是生疏、不畅、困难重重的，销售进度便会减慢。运用感情因素，消除客户因担心而产生的计较心理，会让销售工作更加顺畅与稳定。

案例分析

这天，家居装饰店来了一位女性客户，这位女士还带着一个小朋友，大概有两三岁样子。小张是这家装饰店的销售人员，见有客户来上门，忙上前招呼。

小张：“您好，需要什么东西，随便看看吧。”

客户：“我想买一些家装的东西，我看看你们这里都有啥，这个地毯挺不错，多少钱啊？”

小张：“这是从国外进口的，一张580元。”

就在小张和客户讨论商品的时候，小孩在一旁不停哭闹，这位妈妈也露出了一丝不悦。这时，小张急忙拿出给自己儿子买的玩具让小孩玩，并把买给儿子的一些零食给了小孩，孩子看到玩具和零食，非常高兴，瞬间停止了哭闹。同时，该女士用感激的言语向小张表示感谢。

大约20分钟之后，该女士挑选了一堆家装用的东西，有茶几、桌布、地毯、靠垫等。

客户：“你给我算算，这些一共多少钱？”

小张：“总共2610元，这样，看您买了这么多东西，拿2600元行了。”

客户：“还能再打折吗？”

小张：“实在不好意思，这已经是最低价了。这样，我这有一个上次做活动剩下的卡通存钱罐，就送给孩子回家玩吧！”

客户微笑着说："行，那我谢谢你了，下次有需要我还来你这儿。"说完，客户按照2600元结完了账。

从案例中该女性客户的表现来看，她其实是一位很计较的人，例如，在小张为其算完价格并给予优惠后，她依然询问是否可以打折，表现出了她要与销售人员进行讨价还价，以更低的价格买到这些商品。但后来她的表现却并没有那么的斤斤计较，而是很快结了账。

能够让客户有如此的变化，快速成交，主要在于销售人员小张的做法。

首先，在客户孩子哭闹的时候，他适时地拿出了自己儿子的玩具、零食给孩子，一方面让孩子停止了哭闹；另一方面让客户心理产生了一丝感动，或者说是感激之情。

其次，在最后结账的时候，销售人员小张先为客户进行了优惠，这对客户计较的心理已经是一种缓和。

最后，在客户询问是否可以打折的时候，小张为孩子又送了一个卡通存钱罐。

综合这三个方面，销售人员与客户之间其实已经建立了一种感情，这是能够让客户"无需计较"，最后快速成交的主要原因。

以下几个方面可以帮助销售人员让客户觉得和你"无需计较"：

第一、在客户"计较"之前解决客户可能要计较的一切问题

如商品不干净，有灰尘；商品有一点小瑕疵；售后售前服务不周到等，这些问题在事前解决好，就能够带给客户一个愉悦的心情，计较的问题也就减少了很多。

第二、突出产品大的优势以及大的优惠

如产品与同类商品相比是知名大品牌，功能质量上要高于同类竞品等，最大程度凸显强调了这些优势，就会减少客户计较小问题的概率。

第三、从某一个角度提高客户身价，对客户进行适当的夸赞

如"您的生活这么有品质，绝对要选一款适合您生活习惯的……""像您这样的高端生活人群，我觉得……”等，让客户觉得并承认自己就是高端人群。这样，客户的“计较”便会少很多。

智慧点金

客户不是难缠的“冷血动物”，只要销售人员能够让客户满意，与客户建立一定的感情基础，客户就会变得“通情达理”，而不会斤斤计较一些问题。因此，让客户少于“计较”的要点是建立与客户的感情，以及使用恰当的销售技巧。

让客户觉得同你“默契十足”

知识链接

王婶开了一家饭店，虽然店面不大，但是生意总是出奇的好，王婶不得不又招了一名服务员张燕。

这天，一个食客来到店里之后，王婶招呼其坐下，并说：“马上就好。”

见此情况，张燕有些不解了，食客并没有说自己要吃什么，王婶为什么说马上就好呢？难道是王婶忙得乱了套，于是张燕就提醒王婶说：“王婶，您还没有问对方吃什么呢？”

王婶胸有成竹地说：“呵呵，不用问，我知道。”张燕更有些纳闷了。

一会儿，后厨便给这位食客端上了一碗面，两个菜，食客看着端上来的菜，迫不及待地拿起筷子吃了起来。吃完后，食客从兜里拿出钱放在桌子上，对王婶打招呼说：“走了。”

王婶微笑回应：“慢走，下次再来。”

下班之后，张燕对今天看到的疑惑现象问王婶，王婶说：“这位食客是我这里的老客户，如果他和朋友一起来，肯定会让朋友点菜。如果他一个人来，每次都吃那几样菜。今天是他一个人来的，所以我知道他想吃啥。”

张燕这才恍然大悟，说道：“原来如此，我看他吃得那么高兴，和您很有默契啊！”

王婶："对，这个词用得好，我和他有了一种默契，所以他才经常来我店里用餐。"

点题

王婶与食客之间的默契为王婶带来了兴旺的生意，食客需要吃什么，王婶无需问就能够让食客满意；对食客来说，这不仅让他产生了一种优越感。同样是交易关系，销售人员与客户之间的默契也能够让客户产生类似的优越感与舒服感，从而促进销售成功。

开篇导读

在你的朋友圈内，不乏有一些与你很有默契的朋友，和这类朋友交流，你会感到一种无比轻松与愉悦，沟通效率也会高很多。因为通常在你说前几句话的时候，对方就能够感受到你所关心的话题及你想要问的问题，继而快速融入你的问题当中。

所谓默契，是彼此之间的一种"心有灵犀"，也是一种完美的配合。如在大街上，夫妻两人会很默契地走在一起，而不是像陌生人一样保持一定的距离；在打牌的时候，一个简单的手势就能够明白对方所表达的意思等。无论是陌生人还是熟悉的人，默契是可以练就的，懂得怎么去和别人达成默契的人，可以给对方心理上带去一定的好感。

在销售工作中，与客户之间的默契感能够让客户感受到一种满足与优越，这一点在老客户身上有明显的体现。如客户没有开口，销售人员便提前说出了客户的需求，或者为客户准备好了所需的东西，这会让客户有一种被特殊照顾的感觉，同时还会产生一种与有默契的老朋友聊天的情感，并且会将这种情感融入随后与销售人员的聊天当中，这无疑会让成交更加容易。

因此，无论你面对的是老客户还是新客户，你都需要配合默契，以此建立感情，拉近彼此之间的距离，促进销售的成功。

原理解析

默契是一种心灵与心灵的沟通，一种情感与情感的交换。客户在购买产品之前，事实上对产品已有了一个预期的构想，如果销售人员能明白客户对产品的期望，在第一时间能准确地为客户选择好适合客户的产品，也会激发客户的默契情感，这将有利于销售人员与客户之间的沟通。

案例分析

明明是一家金融公司理财产品的销售人员，他的主要客户是那些收入较高，具有投资意向的成功人士。

最近，他正在准备与一位新客户见面，该客户是明明的朋友介绍给他的，费了很大周折成功约见了该客户后，该客户要求在他的办公室进行此次面谈。

这天下午，明明准时来到了客户办公室，客户的办公室很大，宽敞明亮，办公室的墙上还挂满了该客户与一些顶级的生意伙伴以及知名人士的合照。

明明充满热情地说："您好。"

客户："您好，您请说。"客户显得很礼貌，但从言语中明显看出这是一个追求高效办事的人。

明明依然热情洋溢地说："很高兴我能够给您介绍我们公司的理财产品，但在这之前，我先给您介绍一下我们公司吧。"

客户："对你们公司的情况我已经有所了解。"

明明依然说："我只需大概给您介绍一下。"说完，明明便开始介绍自己所在的公司，这一介绍整整用去了30分钟。

当明明介绍完之后，客户冷静地说："你用去了30分钟的时间告诉我一些我已经知道的事情，我现在有个会议要开，你回去之后发个详细的产品资料到我的邮箱，之后我们再谈。"

明明诚恳地说："嗯，我回去之后第一时间就给您发过来。您看我下次什么时候拜访您比较合适？”

客户：“最近事情比较多，你先给我发邮件，之后我再联系你吧。”

明明回去之后就给客户发送了产品资料，但是他再也没能与该客户取得联系，电话一直处于关机中，明明知道，客户肯定将自己的电话号码屏蔽了。

为此，他感到很是后悔，心想，如果当时自己能够再积极主动一点，和客户确定好下次拜访的时间，或许这笔生意就成交了。

如明明所想的那样，如果当初他能够再积极主动一点，和客户确定好下次沟通的时间，这笔生意就一定能做成吗？其实不然，明明的失败不在于自己是否有机会与客户进行沟通，而是在沟通中缺乏应有的默契。

在明明与客户的沟通中我们可以明显感受到很不协调，他与客户的沟通总是那么不同步，存在某些错位，为此，与客户之间的关系也就无法建立起来，更谈不上情感上的沟通。

作为一名销售人员，该如何才能让客户感觉到与你“默契十足”呢？

首先，提供心理学沟通理论模型。这个模型理论将人分成了5个类型。

1.**支配型**。这类人大多数有很强的权力和地位意识，且时间观念比较强，不喜欢浪费时间也讨厌别人浪费时间。这类人大多数相信自己很聪明，并且对很多问题相信自己的答案是正确的。

2.**分析型**。这类人通常喜欢用事实说话，对一些事情喜欢有条理地进行分析，对细节比较重视。

3.**困惑型**。这类人受情绪的波动比较大，如由原来的工作环境换到新工作环境后，往往会表现出一种不适应，陷入一种困惑。

4.**社交型**。这类人喜欢交朋友，性格多为外向，比较健谈。

5.**创造型**。这类人总是有一些新的想法或者点子产生，在沟通或者工作的过程中，他们总是在寻找一些新的兴奋点。

其次，根据模型分析现实生活工作中遇到的客户，进行客户类型判断。

1.**支配型客户**。这类人喜欢展示自己，如在办公室展示自己与名人的照片。在与其握手时，你会觉得手被对方紧紧握住，有一种被控制的感觉。

2.**分析型客户**。当你向客户进行了详细的介绍后，但对方还不断询问更多的信息时，这类客户大多便是分析型客户。通常，这类人的衣着及生活都比较传统。

3.**困惑型客户**。这类人通常在选择上比较犹豫，如果与客户第一次交谈时，发现客户对产品选择流露出很为难的样子，那么，在第二次拜访的时候你就应该能将产品或者方案归类，缩小让客户选择的范围。

4.**社交型客户**。这类客户很好分辨，通常性格外向，交谈过程中始终面带微笑。

5.**创造型客户**。此类客户说话语速通常较快，当你提出一个想法时，他会回复你更多的想法。当然，他们的衣着通常也颇具个性。

分析你所面对的客户是那种类型，了解不同类型客户的特点，最后做出适合该客户的反应，就能够赢得客户好感，让客户对你产生十足的默契，销售工作就会更上一个台阶。

再次，根据沟通类型采取不同沟通方式。

先回到案例中，很明显，明明所面对的客户属于支配型，而明明的做法正好与这类人的个性是相反的，或者是起冲突的，所以，他们彼此之间是不可能产生默契的。如何让客户感受到默契，答案已经很明显，便是根据不同的客户类型采用不同的沟通方式。比如：

1.**支配型客户**。在与这类客户沟通前事前拟定一份纲要，沟通中不说废话，尽量直入主题，对双方都认可的事情极力附和，这样就会赢得该客户的注意力，并让其与你产生默契感。

2.**分析型客户**。与此类客户沟通时，要充分准备好有力依据的事实及数字说明，并主动说明这些证据的取得。这样的沟通方法将深入他们的内心。

3.**困惑型客户**。这类客户通常不知道自己真正需要的是什么，对这类客户，销售人员最好能够为客户提供一些已经打包组合仅需选择方案或者产品，来让客户做最后决定。

4.**社交型客户**。在沟通中尽量以聊天的方式开始，并试着了解客户的家庭、兴趣爱好等事情。需要注意的是，销售人员尽量不要在第一次沟通中就谈价格或者急于促进成交。

5.**创造型客户**。对这类客户，最好不要推荐那些常规化的产品或者方案，介绍产品时要充分体现出唯一性与个性，让他们感受到你的产品的独创性。

针对不同的客户，采取以上不同的沟通方式，就能够让客户感受到与销售人员十足的默契，最终促成成交。

智慧点金

构建与客户之间的默契，重在明确客户的类型，了解客户的特点。说客户想听，做客户未做的，给客户所想的，是情感建立的主要因素，也是与客户保持默契的关键。

Part 5　攻心篇

我们的宗旨：攻其表不如攻其心，心败则成

做销售如同打一场战役，战役是否能够速战速决，是否能够成功，重点不在于人多，而在于你是否能够采取精妙的谋略，从精神或思想上瓦解对方，使其心服。《襄阳记》中讲："夫用兵之道，攻心为上，攻城为下。"销售也是如此，把客户的心理作为销售的切入点，攻其心，心败则成。

禁果效应：你越不想卖，客户就越想买

知识链接

英国有一位知名讲师，生活很是节俭，他的车子已经用了很多年，破旧不堪，他一直都不舍得更换。由于经常要在公众场合出现，朋友多次建议他更换一辆新车，在朋友的多次建议下，他终于决定购买一台新车。

当这位知名讲师准备更换新车的消息传出后，很多汽车销售人员都积极主动地到他家里去，希望这位讲师能够购买自己公司的车子。于是，讲师的家里每天都有很多汽车销售人员造访，每个人都千方百计地想要说服讲师。越是这样，这位讲师越是觉得困扰，甚至开始讨厌那些登门推销汽车的销售人员了。

因此，很多汽车销售人员不管怎么夸赞自己的产品，这位讲师就是不买，甚至有的销售人员讽刺他买不起，即使这样还是没能打动他的心。

这天，又有一位汽车销售人员来到他的家里，该销售人员刚表明自己的身份，这位讲师就说："你什么也别说了，今天无论你说什么我都不会买你的车。"

这位销售人员听了之后依然微笑着说："先生您错了，我不是来向您推销汽车的，是专门来看看您的车是否应该更换。"

讲师听了很奇怪，怎么会有这样的销售人员呢？心想看就看吧，看他还有什么把戏。他领着销售人员来到自己的车旁，该销售人员仔细地检查了一下说："您的车还不错，还可以用，只是有点旧而已。干嘛要急着买呢！"

说完，掏出一张名片给讲师并且："这是我的名片，什么时候您的车确实不能用了，想买车时希望您和我联系。"

对很多销售人员很意外，而在这位销售人员意料之中的是，不久，这位讲师就从这位销售人员那里买了一部新车。

点题

每个人都有"叛逆心理"，这种心理一直会伴随人的一生。当这种心理被激发后，在销售中你越是极力推销，他越是反感。反其道而行之，往往更容易成功。案例中最后一位销售人员之所以能把汽车卖掉，就是巧妙地抓住了客户的逆反心理——你想买，我偏不卖。这样反而效果会更好。

开篇导读

就"逆反心理"来讲，这其实是人的一种自我保护意识，只是不同的人差别程度不同而已。每个正常人都有自己的思维和想法，而且都不想受到别人的控制，更反感接受别人的指示。从这一方面讲，**人们的这种逆反心理其实是自我保护意识**。例如，当大人告诫小孩要听话，他们反而越调皮捣乱。

从成年人的角度分析，这也是彰显个性的一种表现，你说行，那我也说行，岂不显得我没有思想、主见。如一些地方写着"闲人免进"，人们就会猜测好久，心想，这里面到底是什么东西呢？为什么不让进呢？于是想进去的欲望会更加强烈。

同样，客户在购买产品时也经常会出现这种"逆反心理"，你越想让他买你的产品，他可能就越不买账；你没有说让他买，他反而购买的欲望会更加强烈。

有这样一家饭店，老板出新招在门口立了一个大牌子，上面用非常醒目的大字写着："不许来看！"而牌子周围并没有遮拦。

行人路过此地，看了顿生好奇，禁不住停下来，并走上前去看个究竟。看了之后都哈哈大笑。

原来，牌子下面写着一行小字：“我店有与众不同、独家调制养生美羹套餐，敬请享用。”一些人大呼“上当”，但是，很多人禁不住独家美羹的诱惑，带着好奇的心理就进去吃饭了，因为饭店的饭菜口感本就很好，于是店里的生意越来越好。

这说明，只要引导得当，“禁果效应”就能发挥积极的作用。

原理解析

“禁果”（Forbidden Fruit）一词来源于《圣经》，讲的是夏娃因为被智慧树上的禁果吸引，偷吃了禁果而后被贬到了人间，这种因为禁果而引起的逆反心理被称为“禁果效应”，也被称为“罗密欧与朱丽叶效应”，意思是越是被禁止的东西，人们就越想得到，是一种好奇心与逆反心理的表现。俗语讲：“禁果格外甜。”说的就是一些事情因为被禁止，反而会更加吸引人们的注意力，提升人们的关注度。

案例分析

美国德克萨斯州曾有座很大的自由女神像，因为年代久远，没有进行很好的维护而变得残破不堪。为了不影响市容，体现美好的城市环境，当地政府将它推倒了，但却在广场上留下了一堆废料，这些废料既不能就地焚化，也不能挖坑深埋，只能装运到很远的垃圾场去，至少要花费3500美元。而政府也仅仅给出了3000美元的劳务费。很多人都不愿意干这份没有“油水”的苦差事。

但斯塔克却是例外，他大胆地将这份差事承包了下来，并以只收取政府3000美元的劳务费换得了延长清理时间，不管他如何处理这批废物垃圾，政府都不干涉的条件，当场签订了合同。很多人觉得斯塔克一定是疯了，这明摆着是一份赔本的买卖，并且都等着看斯塔克的笑话，所以对斯塔克如何处理这堆废料格外关注。

而斯塔克却不这样认为，在签订合同的第二天，他为了吸引人们的眼球，斯塔克先是雇佣了一群人把整个广场都围起来，不让人们靠近。

随后一段时间里，总是在晚上带一些人进到这个广场里把一些废料制作成不同的纪念品，再把这些纪念品分别装在精美的小盒子里，快天亮时他再带着这些人出来。

斯塔克一系列的神秘举动引发了人们的极大好奇心。人们纷纷揣测这里发生了什么事情。就在人们的好奇心达到沸腾点时，斯塔克故意交待看守晚上要严加把守，不可放一个人进去。

按照斯塔克计划，这天晚上，由于看守人松懈，有一个人悄悄地溜了进去，试图偷制成的纪念品而被抓住。第二天，这件事立即传开，报纸电台广播纷纷报道，大肆宣传，事情立刻就传遍了全美国。

这时，斯塔克又推出了他的另一个计划。他在每一个装有纪念品的盒子上写了一句："美丽的女神已经去了，我只留下她这一块纪念物，我永远爱她。"

就这样，这些纪念品很快被抢购一空。斯塔克从一堆废料中净赚了13.5万美元。

这就是人们的逆反心理，越是神秘，越是遮遮掩掩地不让人知道，就越是千方百计地想要知道真相。越是不让他人做什么，他人反而就去做什么。

案例中的斯塔克就是巧妙地利用了人们的这一心理，反其道而行之接下这份差事，雇人把一堆废弃物看管并遮蔽起来，故意制造神秘感，调动人们的好奇心。又选在晚上做工，这更唤起了人们的好奇心。当人们终于按捺不住自己的好奇心时，故意走漏消息，借助媒体大肆渲染。最后一举成功。

斯塔克在利用"禁果效应"时有这样几点值得我们思考：

思考一，反其道而行之，接下人们觉得亏本的生意，引发人们的好奇心。

思考二，将工地围起来，晚上施工，制造神秘感。

思考三，故意派看守坚守，刺激人们的好奇心。

以上这三点都是从逆反心理的角度提升了人们对该事件的关注度，加之后面斯塔克巧妙渲染，人们的逆反心理就变成了一种欲望。

智慧点金

“禁果效应”是一种由逆反心理引起的心理现象。通常情况下，一个人的思维被控制得越严重，他的反抗情绪就越强烈。在生活中，有些商家正是利用这一心理倾向，把一些不被人们关注的商品人为地变成“禁果”，吊足了人们的胃口，从而刺激和提升人们的购买力。

怀旧效应：唱一曲“被遗忘的时光”

知识链接

女儿晓飞因为自己的婚姻问题让妈妈很不开心，好几天都不与晓飞说话，为了让妈妈与自己重归于好，晓飞想了很多方法，可是都没有效果。

一天，晓飞在回家的路上看到一个醒目的广告牌，说是某位明星要在本地开怀旧演唱会，这让晓飞眼前一亮，因为该明星是妈妈年轻时非常喜欢的一位歌手。之前闲聊时妈妈经常对她说自己有多崇拜这位明星，还唱这位明星的歌给自己听。

晓飞想：“如果给妈妈买一张演唱会的票，让妈妈亲身参加演唱会并看到自己喜欢的明星，她一定会很高兴，自己和妈妈的关系不就缓解了吗？”

想到这里，她毫不犹豫地给自己和妈妈各买了一张票，准备陪妈妈一起去看演唱会。晚饭过后，晓飞将这张门票给了妈妈，妈妈看到印有自己年轻时偶像头像的门票，显得有一点激动，但马上没好气地问：“这门票是哪来的？”

晓飞微笑着说：“是我下班的时候去买的，这可是一位资深歌手，想当年她可是红遍了大江南北，横扫歌坛……”晓飞打开话匣子，说了很多这位明星当年的事情，妈妈听得津津有味，最后决定和晓飞一起去看这场演唱会。

看完演唱会后，妈妈激动的心情还留在脸上，显然妈妈的心情好了很多，在回家的路上，妈妈不断讲起关于这位明星当年的事情，自己如何追星……

晓飞暗喜，心想："我与妈妈的关系终于被这场怀旧演唱会化解了。"

点题

晓飞的方法很好地化解了妈妈与自己的矛盾，它之所以管用，是因为晓飞通过让妈妈聆听经典歌曲，唤起曾经的记忆，在回忆美好的过去时，淡化了自己与她之间的矛盾关系。事实上，每个人对自己曾经美好的旧记忆都格外珍惜甚至向往，这就是怀旧心理。

在销售中，销售人员也可以利用客户的怀旧心理，通过恰当的方法来引起客户的怀旧共鸣，软化客户的心理防备，以促成销售。

开篇导读

每个人都有一种恋恋不舍的怀旧心理，当这种心理被激发后，都会感受到一种美好。如在和朋友酒过三巡之后，可能会说当年追的那个女孩是如何如何；当年我们一起在某地旅游的情景如何如何等。并在说这些事情的时候往往都是忘我并开心的。尤其是在不如意时，在谈到以往美好的事情更会感到一种愉悦感。

在社会高速发展的今天，似乎一切都处在快速的转型期，旧事物在一点一点消失，而有些新事物、规则、制度却还处于不断完善的阶段，还没有达到人们心里所预期的程度。于是，有些人就会觉得看不清方向、迷惘，找不到自己的精神依托所在。**在这样的环境下，人们就会不同程度地产生怀旧心理，用回忆以前的美好来安慰现在一颗悬浮不定的心灵**。

同时，在大街小巷我们会经常看到一些商家的商品愈发复古，如上个世纪70、80年代的怀旧品；××品牌的酒用古朴的紫砂瓶子包装，瓶子形状是传统的椭圆形，在接近瓶口处有传统的古代雕花，给人一种历史的厚重感；四川花园豆瓣厂生产的特色产品“郫县豆瓣”采用的包装是手工编制的小篾篓，无任何装潢，顶口以一层红封盖，与酱紫色的小篓相配，显得古朴又富有中国特色。类似于这样的商品推出后，在一段时间销量相当火爆，达到了意想不到的效果。这就是商家采用的怀旧营销策略。

既然商品能够通过怀旧吸引客户的目光，那么销售人员也可以通过客户的怀旧和其攀上关系，让其放下心里戒备，让客户乐意听你讲，达到成交的效果。

原理解析

人是一种感情丰富的动物，因为不能重温当初的美好，往往会不经意间回忆过往的美好，并且很希望能与别人共同分享自己的珍贵记忆。所以，当销售人员找到客户怀旧的“点”时，客户就与销售人员有了共同语言，不经意间拉近了彼此的距离，在这个基础之上，销售将会变得更加容易。

案例分析

在一家礼品店里，销售人员小静正忙着收拾店里的物品，这时一对50多岁的夫妻手挽着手走了进来。妇人穿着白色碎花旗袍，高贵中带着几分典雅。小静想：“在这个潮流时代，能这样穿着的人还真是很少。”

小静马上迎上去微笑着说：“欢迎光临！”大叔笑了笑，而妇人却没有说话。小静走到他们面前问道：“两位想买点什么？”

大叔指着妇人说：“想给老伴买一件生日礼物，我想礼品店肯定有她喜欢的东西，可是她就是不相信，这不一起过来看看，看有没有合适的礼物，要不你帮着给介绍介绍吧。”

小静看了看旁边的妇人，微笑着说：“阿姨，您穿的这件旗袍真漂亮，这还是上个世纪五六十年代最流行的款式，没想到今天竟让我看到了。”

妇人微笑着说："你说得很对，那个时候我正年轻，在出嫁的时候妈妈给我缝制了一件和这款式一模一样的旗袍，我身边的姐妹们都非常羡慕，可惜现在再也找不到这样的好东西了！"说完，流露出了回忆美好的表情。

小静接着说："是啊！记得我小时候最喜欢收集一些歌曲磁带，还去地里挖红薯……想想真是美好。"

"嗯，你们那个年代还算好一些，我和你一般大的时候……"

就这样你一句，我一句，小静和老妇人欢快地交谈了起来，妇人似乎完全忘记了自己身边的丈夫。

小静一边和妇人谈着，一边找适合妇人的礼品，一会儿，小静拿出一个带有点沧桑感的发簪，做工很是精致，递给妇人，并说明了这只发簪的意义。

妇人听了之后非常喜欢，当即买下了这只发簪，并且没有讨价还价，直夸旁边的大叔带自己来对了地方，走的时候对小静微笑着说："以后需要什么东西我还来你店里，有空来我家做客啊！"

案例中小静的成功在于她利用客户的怀旧心理打破了客户的"不相信"，拉近了与客户的距离，和客户攀上了关系，这为她下面的销售做了很好的铺垫。系统的分析，小静与客户成交的原因有以下几点：

原因一、发现客户怀旧

这一点很重要，销售人员需要通过客户的衣着、与客户的交流去发现并确定。

原因二、引导客户怀旧

既然客户那么怀旧，那么销售人员不妨跟着客户的思维，与客户一起"陶醉"。

原因三、引入自己的产品

通过前两点，销售人员与客户已经建立了一个很好的关系，距离拉近了，防备心理也慢慢放下了。这时，推出产品，阐述产品特性，在一定程度上客户会更容易接受，成交也就轻而易举了。

智慧点金

怀旧效应在销售活动中，就是利用客户内心深处的记忆及对过去的留恋情节来激发客户购买欲望。作为销售人员，只要能正确地找到客户的怀旧回忆点，并与客户攀上关系，那么，成交就会很快达成。

焦点效应：只剩全世界最闪亮的一角

知识链接

这天，叉车推销员王博走进了客户李总的办公室。李总当时正在打电话。王博就静静地坐了下来，并观察了一下客户的办公室。

这个办公室较为简洁，李总的座位后面是一个书柜，引人注目的是桌子上摆着一张李总的照片，身穿博士服，照片被裱起来了，侧面还写着四个大字“大展宏图”，显得格外庄重，非常漂亮。

李总打完电话后，王博从沙发上站起来微笑着说：“李总，您是博士毕业啊？读的哪所大学啊？在国内，像您这样既是博士，又要管理这样一个大公司的人可不多啊！”

李总听了之后哈哈大笑，说道：“哪里，哪里，你过奖了，我以前……”

李总兴奋地讲起来自己以前的一些事情，王博和李总热切地交谈了起来。

随后，王博切入了自己的产品，并做了简单的介绍，当王博说出价格的时候，客户不再说话了。王博马上又说：“李总，照片上的字是您写的吧，真有气势，你对书法肯定很有研究吧？”

李总听到谈自己的书法，又热情并微笑着说：“过奖了……我以前……”

就这样，最后，王博与李总很快签订了定购协议。

点题

试想一下桌子上放着十几张照片，其中有一张照片有你自己，那么，你一定会很快注意到这一张照片，并且会非常关注照片中自己的形象和位置。如果当时你在和朋友聊这些照片，那么你会很容易把话题引导到关于自己的事情上来，并且在很长一段时间里都能记得你和朋友聊天的内容。这就是每个人的焦点效应。

同样，销售人员在与客户接触的时候，没有那位客户愿意听别人的事情，特别是对陌生的销售人员来说，他们通常会觉得，和销售人员聊天是在浪费自己的时间，但是谈到关于自己的事情，客户会非常感兴趣。故事中王博的快速成交就在于他把客户当作了焦点，让客户感受到了自己的重要性。

开篇导读

前面我们讲到，在一堆照片中，在第一时间内我们能够找到有自己的那一张，然后仔细观察自己在照片上的形象怎么样；在谈话的时候都喜欢谈论自己，喜欢让别人听有关自己的一切。一切以自己为中心，这就是个人的焦点效应，同时，也是一个人的正常心理。

一个人不仅喜欢自己向别人谈论自己，也喜欢别人以自己为焦点开展谈论，这样就有一种受到关注的满足感。如果一个人不仅被别人谈论优势，还受到他人正面的肯定，他就会觉得人们都在关注着他，而他本人就会以更加正面的形象展示给大家。

如何利用这样的效应来促进销售呢？这就需要销售人员先把客户“捧上天”，把客户当做焦点去谈论他，并让其充分感受到自己是全世界最闪亮的一角。**谈论的时候不光是简单的聊天，而是要善于发现客户的闪光点，以他的闪光点为出发点开展谈论，或者是将客户提高到一个更高的位置**。

有些销售人员在拜访客户的时候，一进门就说“我们的产品有什么优点”“我们的产品特性是什么”“我们的产品怎么怎么样”，等等，这必定会让客户感到一种厌恶的情绪，谁也不愿意听销售人员在自己面前唠唠叨叨，更不愿意听别人的事情。

所以，在与客户接触的时候，谈论的话题一定是关于客户的事情，在一只脚踏入客户办公室的门之后，首先要观察，如客户喜欢的书、办公室的饰品、客户的衣着，等等。

但需要注意的是，在刚开始的时候不要把自己所看到的东西都跟客户说一遍，这样会让客户以为你是在拍马屁以及有所企图，容易让客户产生防备的心理。

销售人员只需要找出一个比较有特点的说就可以了。丑媳妇总是要见公婆的，我们迟早要与客户谈到产品、价格以及合同问题，当谈到这些产品而出现僵局的时候，销售人员要再次运用焦点效应，引导到客户自己身上来，这样在成交中遇到的问题就会一点一点被解决掉。

原理解析

焦点效应也被称为社会焦点效应，是人们高估他人对自己关注度的一种表现，也就是说，人们往往会把自己看做是一切的中心，自觉地认为他人是很重视自己的，从而高估他人对自己的注意程度。也正是因为人们的这种“焦点效应”，很多时候成为了销售工作中的一种业务公关手段。

案例分析

在商场一个名包专柜前，一个衣着似老板的中年男子来到柜台前，销售人员马上热情地上前说：“先生您好，您需要点什么呢？”

男子扫视着柜台上的货品说：“哎！只要我一出差，老婆就要求我回去给她带礼物，让她自己买，她又不去，我也不知道买什么好，愁人啊！”

销售人员：“您们一定很恩爱，彼此之间的感情真好，通常只有这样的女人才会要求丈夫为自己买礼物，真羡慕您有这样一位老婆。”

男子："有啥可羡慕的，都老夫老妻了，不过你还别说，我老婆虽说长相一般，但是对家里人非常好，忙前忙后，特别懂得经营我们之间的感情。"

销售人员："嗯，从你的言语中就知道嫂子一定是一位非常贤惠的女人，既然这样，一定要选一个适合嫂子的包，您这次出差才能不虚此行。"

男子："嗯，你说得对，要选一个配得上我老婆的包，那你给我介绍介绍吧。"

随后，销售人员从柜台拿出一款米黄色价格中上的包，说道："我觉得这款包就非常适合嫂子，价格适中，而且是限量版的，就像您和嫂子的感情一样，也是限量版的。您带回去之后相信嫂子一定会非常喜欢的。"

男子听销售这样说，又拿到手里看了看之后说："嗯，看上去还不错，那就买这个吧，在哪结账……"

在这个案例中，销售人员的成功之处就是将焦点效应与夸捧结合在了一起，让客户感到自己被重视的同时，应该做到像销售人员所说的那样（接受销售人员的意见，买下销售人员所推荐的包），如果不这样做，自己会觉得下不了台，尤其是对自尊心非常强的客户，这个销售策略非常有效。

每个人都希望自己在他人眼中是成功的、是漂亮的、是独特的，希望自己是别人所羡慕的对象。即使有些人已经相当成功，但在交流的过程中，还是会有被他人夸赞的欲望。把握一定的度，把客户捧到一定的位置，让客户在这个位置上思考，这时候销售人员在推荐高端产品的时候，客户会更加容易接受。

利用焦点效应，夸捧客户的方法有很多，通常情况下，我们需要从以下几个方面入手：

第一、夸奖客户的身份

当客户没有说自己的身份职业的时候，销售人员能让客户感觉到自己的与众不同最重要。

第二、夸奖购买目的

让客户感受到购买产品显示了其非常高的品位。

第三、对比夸奖

用一个大家都熟知的名人与客户做比较，提高客户身价。

第四、把握时机

找准夸奖的时机点也很重要。一般在客户犹豫不决的时候，巧妙的夸奖能让客户听了很舒服，也比较容易下定决心。如当客户由感性思考转为理性思考的时候，这时候对客户的积极赞美，能让客户重新陷入感性的思维中，快乐签单。

此外，销售人员还需要注意，夸捧一定要把握度，过度的夸捧往往会适得其反。

智慧点金

夸捧客户的时候，销售人员的语言要自然，不要做作不真实；夸奖客户闪光点的时候不要与客户的实际情况差距太大，否则客户会产生不信任和反感，这样就失去了“焦点效应”的本来作用。

有一点销售人员要谨记，当销售人员想夸奖客户与产品非常搭调的时候，一定要说产品配得上客户的身份，而不要说客户配得上产品。

蚕食效应：反复盯住客户的兴趣点

知识链接

看电视剧本是一种消遣，让人感受到一种放松与愉悦，可是，在20世纪90年代看电视剧却是一件最痛苦的事情，因为那时候一集电视剧要插播三次广告，而且有的广告要连续播放三遍，相信很多喜欢看电视的“80后”都曾经记得一段段让自己耳熟能详的广告词。

一集电视剧刚开始十几分钟，在最关键的时刻，男主角刚刚拿起刀，观众的心都提到了嗓子眼，突然屏幕一闪，广告出现了。

真是无语、无奈，想要换台，又怕错过了剧情，不知道下面会发生什么事情，不换台吧，对当前的广告充满了憎恨。一再权衡之下，还是忍着看广告吧。

然而，随着广告的播放，憎恨的心情远远还没有缓解，有的广告居然连续播放三遍，俗话说：“话说三遍，比什么还臭。”当时在我们心里，对这样的广告骂了有千遍万遍。

为了看到一个完整的电视剧，喜欢看电视剧的我们就这样忍受着，但是，就是在这种情况下，让我们记住了很多广告及广告词，甚至在生活中，我们有时候还会拿这些广告词进行调侃。

为什么我们对那些恨之入骨、讨厌至极的广告词会熟记于心，而且自愿传播呢？

点题

这就是可怕的“蚕食效应”，当一件事物无数次在你眼前出现的时候，尽管你已经非常讨厌，但你还是会牢牢地记住它。在平时的生活中，有时候还会想起它。由于我们的大脑反复受到某一广告的刺激，即使我们是多么不喜欢，这些广告还是像蚕吃桑叶一样，慢慢改变着我们。

在销售中，如果有的客户不喜欢你的产品甚至讨厌你的产品时，我们就可以运用蚕食效应，反复刺激客户的购买欲望，逐渐改变客户的看法，让客户慢慢接受，最后促成成交。

开篇导读

有研究表明，在实际购买中有三分之二的客户都是临时做出购买决定的，也就是说，很多客户之前本来并没有决定要付出购买行为，而是被很多临时因素影响，最后做出了购买的决定。

人的感性思维在消费中起着很大的作用。而人的感性思维又受到各个方面的影响，如客户在逛街的过程中决定要买一件东西，之所以做出这个决定，有可能是销售人员的一句话触动了他，也有可能是店里的广告吸引了他，等等。总之，客户最后决定购买某一商品时，必然受到一种或者多种正面因素的刺激。当然，正面的刺激因素越多，客户购买的欲望往往就会越强烈。

在销售过程中，对一些久久下不了决心购买的客户，销售人员需要懂得运用蚕食效应，用合适的方法反复刺激客户的兴趣点，提升客户的购买欲，促使其快速做出购买决定。

作为消费者，生活中我们一直在被“蚕食”，如我们在逛商场的时候，放着欢快的音乐，看似只是背景音乐，好像与我们购物没有关系，其实不然，欢快的音乐在某种程度上在刺激着我们的感官，调动我们的购买欲望。或者是商家用多种灯光照射商品，让商品看起来美仑美幻，让我们浮想联翩；某个品牌每隔一段距离的不间断广告，等等，这些都是对消费者一种购买欲望的刺激。

作为销售人员，在与客户交流的过程中，采取什么样的蚕食策略要视情况而定，如有的客户对你的产品没有好感，一说到某品牌他只会摇头，这时销售人员就应该用一种柔性的蚕食方法，不可一上来就说我们的产品是如何如何好，企图说服客户，这往往会起到不好的效果。

销售人员可以先送客户一些印有本产品的纪念品，夹杂一些产品说明，让客户慢慢了解，然后逐步推进。有客户对你的产品并不了解，这时“蚕食”客户的频率要快，不仅要让客户了解产品、对产品产生好感，促使其做出购买决定。有些客户对产品已经有了足够了解，但是因为种种原因不能做出购买决定，这时销售人员不可心急，以免鸡飞蛋打，还是要运用蚕食效应，找出客户不做购买决定的原因，反复强调解决方案、产品优势，让客户在你的“蚕食”中思考，这样有助于客户做出倾向于销售人员的决定。

原理解析

一片桑叶，蚕会一点点地将其吃掉；三人成虎的故事告诉我们，谎言被重复多次，信的人也就多了，这是个人感性思维变化造成的。在销售中，销售人员首先要找到客户的兴趣点，然后像蚕吃桑叶一样，不断刺激客户的购买欲望，这样即使再“难啃”的客户，也会被你征服。

案例分析

小江和朋友闲来无事去数码电子城闲逛，路过一个卖相机的专柜时，小江想：“反正闲着也是闲着，到里面随便转转吧。”于是，小江就和朋友走进了这家相机专卖店。

销售人员：“你们好，想要一款什么样的相机呢？”

小江：“哦，我们随便转转，看到这相机挺漂亮的。”

销售人员：“嗯，我们这里的相机不光看着漂亮，而且还很实用，这样，反正现在也不忙，我就给你们大致介绍一下吧。”

销售人员拿出了一款相机，站在小江和朋友的面前说道：“目前这款相机性价比是最高的，去年3800元；现在做活动，只需要3000元。”

小江说道：“价格还算公道，不知道效果如何？”

销售人员：“技术含量相当于这里5000元以上的相机，而且操作也很方便，只要调到自动功能，相机就自动识别各种亮度，调到合适的光圈快门值，您现在拍一张试试。”

小江：“哇！这么清晰，来，让我也试试拍一张。”小江拿起相机就给身边的朋友拍了一张，看到相机中的朋友，微笑着说：“嗯，果然不错，操作简单。”

小江明显有了兴趣，问道：“最多能存多少张照片呢？”

销售人员：“这主要取决于内存卡的大小，原机自带的是2G的内存卡，能存1000张左右，现在不是做活动嘛，送4G内存卡，能存2000张左右。一般出去玩足够用了。”

小江看着相机有一点恋恋不舍，销售人员马上说道：“如果你没有相机的话，现在买这一款很是划算。”

小江想了想说：“你给我再详细介绍一下……”

最后，小江当场买下了这款相机。

一个随意逛街的人，和一个明知客户不是买东西的销售人员是如何成交的呢？这与销售人员的蚕食策略密不可分，下面我们来进行分析。

首先，销售人员告诉小江这一款相机正在做活动，价格比较优惠，同样的相机，却可以用更加便宜的价格买走。这是销售人员第一次对小江购买欲望的刺激。

其次，销售人员告诉小江，这款相机操作比较简单，技术含量可以与5000元的相机相媲美。这是销售人员对小江购买欲望的第二次刺激。

紧接着，在销售人员的引导下，小江进行了试拍，而且效果还不错，这样，进一步激发了小江购买的欲望，从随便逛逛到有购买的欲望。

最后，销售人员在解决小江问题的时候进行了购买欲望的巩固和提升，小江的购买也就变成了理所当然。

在销售行业，一直有人问“销售神话”是怎样做成的，其实莫过于蚕食效应。客户不了解产品，先让客户了解产品；客户对产品没有好感，先让客户接受产品；客户久久不做决定，采取策略促使客户决定。这样，一步步进攻，相信什么样的客户都可以搞定。

智慧点金

让你的产品充斥客户的脑海，让客户主动思考你的产品，逐步推进不断刺激客户的购买欲望，尤其是在客户举棋不定、犹豫不决的时候，销售的蚕食策略，既是保持客户购买欲望的手段，又是促使客户决定成交的方法。

求廉心理：人人都爱物美价廉

知识链接

娟娟这天上街闲逛，路过××商场时，看见该商场在举办周年庆，而且很多商品都在打折，于是忍不住就走进了商场。

来到商场后，娟娟欣喜地发现她平时钟爱的一个牌子的化妆品在降价促销，要知道，娟娟很早就想买这个牌子的化妆品了，可常对其昂贵的价格望而却步。看到这么好的机会，娟娟当然不会放过，她毫不犹豫地买下了这一整套化妆品。走出商场的时候心里美滋滋的。

第二天，娟娟去找自己的好朋友李慧玩，意外发现李慧用的化妆品和昨天自己在商场买的一模一样。一问价格，要比自己昨天买的贵20块之多，娟娟听后顿时露出一副骄傲的表情，神气地说："哎！真是有钱人啊，我昨天买的可比你的要便宜20多块呀。"

李慧不以为然地说："切！怎么可能，你买到的是假货吧？"

娟娟说："我可是昨天在××正规商场专卖店买的正品货啊，也有发票，正好他们昨天做活动，所以这好事就让我碰着了。"

李慧说："啊！原来是这样，算你运气好，下次遇到这样的好事可一定记得要给我打电话哦！"

点题

这样的画面我们在生活中经常都会看到，我们来解读这样几个问题：

娟娟为什么在商场问清价格后会毫不犹豫地买下商品？

在得知朋友李慧买的和自己一模一样的东西却贵时为什么会脸露骄傲的表情？

李慧为什么告诉娟娟下次有这样的商品降价促销时一定要给自己打电话？

答案只有四个字，那就是“求廉心理”。

作为销售人员，只要你能够让客户觉得你的商品是物美价廉的，在没有其他外力阻止客户需要的情况下，他一定会追着赶着购买，而且还会骄傲地将这个消息告诉朋友。

开篇导读

生活中，当超市有打折或超低优惠活动时，就会有大批客户蜂拥而上，进行抢购，即使所卖的商品并不是自己真正需要的，但那比平时价格低很多的诱惑力也会让他们心动，当你问其不需要为什么还要购买，他们总会说：“总会有用上的一天，这么低的价格可不是每天都有的，先买了再说。”

在大街上，经常会见到“两元店”，小店里边经常被挤得水泄不通，因为当人们看到“两元”的字眼的时候，通常会想：“进去看看吧，那么多东西，总会有需要的，毕竟才两元呀。”

这就是人们的求廉心理，足可以让一个人“疯狂”。销售人员在销售商品的时候都有这样的感受，当你向客户报价的时候，无论你报的价格是高还是低，90%的客户都会进行讨价还价，这也说明了一个道理：**每一位客户都有一种求廉心理**。

要注意，**个体求廉心理的程度会不同**。一方面，由于消费者收入有限，而要将有限的收入支出到更多的产品上，使自己的生活水平有所提高，就必须重视商品价格的高低。也就是说，求廉心理程度的高低与个人收入有关，收入越低，他的求廉心理就会越强，反之越弱。另一方面，受其他方面团素的影响。例如，个人偏好、生活方式、所处环境和从事的职业等也影响一个人求廉心理的高低。

因此，我们可以将客户的求廉心理分为两类：

一类是客户在购买高级或高档商品时“求廉”

这类客户通常会在确定了购买商品、品种、款式、数量之后，希望能够少花点钱，以满足自己的求廉心理。

另一类是客户在购买低档商品时“求廉”

这类客户对商品质量、花色、款式要求不高，只要商品价格低廉、实用就会购买，特别喜欢购买处理、降价、折价商品。

从销售的角度讲，只有让客户感到“廉”的时候，客户会更容易做出购买决定。那么，销售人员在销售商品的时候，就可以利用客户的这种求廉心理，采取合适的手段让客户感觉到“廉”。一旦让客户觉得“廉”，客户购买的欲望就会被调动起来。

举个例子，销售人员推销15万元为底线就可以销售出去的汽车，如果你发现客户确实需要，在客户试探性地问你15万元能不能卖时，这时你坚定地说：“可以。”那客户不一定会花15万元买你的汽车，因为你答应得太爽快，没有满足客户的求廉心理。如果你坚定地说：“不可能。”然后再与客户进行周旋，最后就有可能以15万元成交，而且成交的时候客户还会有一种感激、有所成就的心理，因为你满足了客户的求廉心理。

原理解析

求廉心理是指以追求商品价廉实用为主要目标的购买动机。客户在选购商品时，比较注重物美价廉，希望自己能够购买到既实用又价廉的商品，因此，喜欢与同类商品进行反复比较。而作为销售人员，在销售的过程中可以运用策略满足客户求廉的心理，从而促进成交的进度。

案例分析

关凌和其他年轻女孩子一样，平时喜欢逛街购物，这天准备去街上买一个包。在街上转了一会儿后，她走进了第一家卖包包的店，随后看中了一款自己较为心仪的包。

关凌："老板，这包多少钱？"

老板："150元。"

关凌把包拿到手里看了看，随口说道："便宜点，100元怎么样？"

老板："不好意思，不还价的，这已经是最低价了。"

关凌心想："又不是超市，卖东西哪有不降价的，算了，太贵了，还是去另一家吧。"于是，关凌转身便离开了这家店。

在大街上又转了转，关凌走进了第二家店，同样看中了一款自己比较中意的包之后问老板价格。

老板："你真有眼光，这个包今年卖得非常好，就剩下这一个了，以前少于200元不卖的，刚上市的时候卖280元呢，看你这么喜欢，就便宜点给你了，180元吧。"

关凌听老板这么一说，心里暗自窃喜自己的眼光好，虽说以前卖280元，老板说不能再讲价了，但关凌还是想再还还价，这样心理才平衡一点。

关凌："就剩下这一个了，就给我再便宜点，150元吧。"

老板："您真是会砍价，行了，反正也就剩这一个，我也不赚你钱了，卖完了清库，150元就150元吧。"

其实，对自己的砍价关凌也没抱多大的期望，没想到老板答应了，心中自然很高兴。关凌爽快地付了钱，拎着包高兴地回家了。

关凌最后买的那个包真的卖过280元吗？真的剩下最后一件了吗？老板150元卖给关凌真的不赚钱吗？

不管怎样，一个不争的事实是最后关凌很高兴地花了150元买下了包，而且让关凌觉得买这个包非常值得。

第一家店和第二家店包的价格都是150元，就商品来说，我们看到两个店的包关凌都比较喜欢，不然她也不会和老板讨价还价。之所以让关凌选择在第二家店购买的原因在于，她把价格“砍”下来了，这让她觉得自己占了便宜，或者说认为价格是公道的。在这个过程中，能够满足关凌求廉心理的主要人物是第二家店老板，他通过价格对比以及语言上的修饰，满足了关凌的心理需求，从而最后成交。

作为销售人员，无论从事什么产品的销售，在与客户沟通的这个阶段，我们都需要向第二家店老板学习，采取对比、举例等方法，满足客户的求廉心理，尤其是在最后的成交阶段，让客户觉得你的产品绝对是物美价廉的。

销售中，有时候我们还会遇到这种情况，两件同类型的商品，价格也差不多，到底是哪一件商品更加物美价廉呢？客观分析，销售人员也分不清楚，更别说是客户了。所以，在运用客户求廉心理的过程中，不要过分地以商品的价值为导向，而是要以客户的需求为导向，让客户真正感觉到商品的“物美价廉”，这样销售工作就成功了一大半。

智慧点金

求廉心理人人有，根据客户所选商品、需求、个人偏好、生活方式、所处环境和从事的职业综合分析，不可一概而论，采用的方式、技巧不可单一。客户过于追求价格，就从价格入手；客户过于追求质量，就从质量入手，或者采用综合方法满足客户的求廉心理。

追潮心理：时尚与潮流面前，人人难设防

知识链接

琪琪最近买了一部手机，这款手机是新上市的，琪琪刚拿到这款手机的时候，简直跟疯了一样，见人就炫耀。

“来，给你拍张照吧，我手机像素很高，拍出来的照片特别清晰。”

“听，我这手机的音质好吧，就像放CD一样。”

“看，我这个上网很方便的。”

当朋友投来羡慕眼光的时候，琪琪的脸上更是掩饰不住内心的喜悦，这让她有了一种“时尚达人”的归属感，琪琪很喜欢这种“走在潮流前线”的感觉。

渐渐地，周围越来越多的人拥有了这款手机，琪琪的手机与其他人相比也变得普通了。有一天，她去电子城玩，偶然看到新一代的“苹果”手机面世了，而且正在预定中，门口挤了很多人。按捺不住对潮流的追求，在了解了新款手机的功能之后，坚定地交了定金。

没过几天，她就拿到了新一代的“苹果”手机。当别人在潮流中的时候，她已经走到潮流的前端了，所以她仍旧到处炫耀她的新手机。

朋友：“你有没有搞错，又换手机了，那个手机不是好好的吗？为什么不用了？”

琪琪：“那个手机能用是能用，可是落伍了，与当今的时代不匹配，我可

是潮流达人，所以一定要跟得上时代，这样才会有得混。”

朋友：“真拿你没办法，看来我们是永远也赶不上你的潮流了。”

点题

当代社会中，总会有这样一批人，他们发现时尚、追求时尚并引领时尚，他们以时尚为荣，以普通为羞。如果说赶潮流是一种时尚的话，那琪琪就是在引领时尚了。现实生活中有很多像琪琪这样的人，喜欢走在时尚前沿，他们觉得最新的就是最好的。如果说像琪琪这样走在潮流前端的人毕竟是少数的话，那追赶在潮流中的人就是大多数了。

在商言商，虽然在追赶潮流的过程中难免会造成一些浪费，但是既然有这样消费群体就形成了这样的客户，那么，商家就应该为这样的客户提供商品，销售人员就有义务为这样的客户推荐产品。

换角度而言之，随着时代的进步，社会的发展，爱美之心人皆有之，追求时尚的人似乎越来越多。就连中老年人也走在了时尚的潮流当中，如广场舞中的伴奏用当下最流行的音乐，不仅是年轻人会“江南style”，中老年人也会“江南style”。因此，在当代，追求潮流是每个人都有的心理，在销售工作中我们可以好好加以利用。

开篇导读

“今年流行黄颜色”“今年流行长裙子”等类似于这样的说法在某一年的某一时段会此起彼伏，而且永远不会间断。开放社会市场经济，新奇的思想和产品层出不穷，来得快而猛，人们唯恐落后于时代，拼命追赶，形成一浪一浪追赶潮流。很多人都在研究时下流行什么，或者即将流行什么。尤其在当代，每一个客户在购物的时候都在搜寻着关于时尚的一切信息，这就是人们的追潮心理。这个时候，**销售人员就应该充当时尚的先知，以“当今的潮流”为理由促使客户购买产品便是一种不错的销售方式**。

当客户不明白一件衣服上为什么要多出一个裤兜的时候，销售人员可以从潮流的角度进行解释说“这是今年最新流行的一种款式”。这样就会清除客户心里的疑问，而且还有助于推进成交。

很多人都有这样的感觉：两年前觉得很好看的东西，过两三年之后会觉得很是难看，这是什么原因呢？是东西变了吗？不是的，东西还是原来的东西，是人的眼光发生了变化。随着时代的进步，人们看待事物的眼光发生了变化，旧的东西被人们在不知不觉中淘汰了。

社会时代的进步会影响人们的心理，而社会时代进步的主要因素是新事物的产生与旧事物的变化，这其中包含了流行趋势的变化。也就是说，**时代的变化、潮流的出现影响着人们的消费心理，反过来讲，每个人都有一定程度的追潮心理**。

既然人们都喜欢追求时尚与潮流，销售人员就可以借助潮流来进行销售，潮流不仅可以成为客户购买的理由，潮流也可以让价格变得更为合理，当客户觉得一件商品昂贵的时候，销售人员可以用“这是最流行的款式”来解释客户的疑惑，同时也是在暗示客户：“拥有这件商品就是拥有了最新的潮流，是最时尚的代表，当然要付昂贵的代价。”

当然，迎合客户追潮心理的方法有很多，如告诉客户“这是今年的最新款”“这是著名影星代言的”等方式都是让客户的心理感到一种满足感；走到商场里，到处都是明星海报和明星代言的视频，因为通常明星是时尚的代表，所以，这也是向客户传递时尚潮流，让其选择某种商品的一种方法。

原理解析

时尚与潮流是时代进步的象征，是未来的走向；旧的东西终究被淘汰，新的事物终将会不断更新，也是事物的发展方向；而过去的终将会被淘汰，每个人都不想被淘汰，所以，追赶潮流是大家的一种习惯心态。人们追潮的心理不会停止，而在销售工作中，销售人员利用客户的追潮心理去满足客户的心理需求，应该作为一种长久的销售策略。

案例分析

小燕终于等到月底发工资了，因为她要给自己买一件外套，其他衣服都挺多，就是外套没有几件像样的，而自己又是一个“月光族”，所以等这一天已经等很久了。

因为她购买衣服的目标明确，只想买一件外套，周末早上吃过饭就直奔商场而去，专门在几家卖外套的店里转悠，很快就挑好了一套自己喜欢的衣服，在进行了一番讨价还价，最后准备付钱走的时候，老板说：“你今天买的这件衣服确实不错，今年正流行呢，但是，这样的外套如果能在里边穿一个长款衬衫或者T恤的话会更好看，而且会比今年流行的款式更加时尚。”

小燕疑惑地说：“里面加件衣服不好看吧，而且也没见人这样穿过呀！”

老板指着一件T恤说：“里面加一件这样的T恤其实是非常非常时尚的装扮，我们这边这样穿的人比较少，在一线城市，有很多人都这样穿，我给你看一个最近一期的流行杂志，你就知道效果怎么样了。”

老板拿出一本时尚杂志，扉页的模特和小燕买的外套款式相同，但不同的是模特里面穿着一件刚才老板说的T恤，这样的搭配让人一下子就“洋气”了起来，整个人也“潮”了起来。

老板：“怎么样，我说的没错吧！衣服就是要搭配着穿才有效果，如果你能够这样打扮，那么你就是这座城市的第一个潮人了。”

小燕听了很是高兴，好像已经忘记她只想买一个外套的决定，鬼使神差地挑了一件T恤，穿上一试，果然效果很好。

老板：“你看，多时尚的感觉。”

经过老板这样的推荐，小燕毫不犹豫地买下了这件T恤。

本来只想买一件外套的小燕，为什么最后又买了一件T恤？这主要因为作为销售人员的老板利用小燕的追潮心理推荐出了合适的衣服。我们来分析整个销售的经过。

首先，老板引导小燕到潮流的层面上，促使小燕认为她不仅仅是买外套，还是在买潮流，并拿店里的T恤告诉小燕，怎么样穿才是潮流。

其次，老板将杂志上的模特照片给小燕看，这是一种潮流的暗示，意为向小燕传达："如果要穿着时尚，引领潮流，那么就应该这样穿。"

通过这两点，老板抓住了小燕"追潮"的心理，让小燕接受老板推荐的商品也就不再是难事了。

生活中，有很多像小燕这样的客户，喜欢将自己与时尚拉近关系，尤其是女性客户：

具有强烈的好奇心，总会以最快的速度拥抱新生事物；

表现欲极强，总想走在流行的前面，领先周围的人，以博得他人的赞美；

极为敏感，常常会因跟不上潮流而感到没面子，具有不想落后于人的"划一性"。

因此，对女性客户来说，销售人员更应该把握此策略。但是在追潮界，是不分年龄的，即使是中年人、老年人也愿意别人称赞他们是赶潮流的人，所以这样的销售方法适合各种年龄层的人。潮流不分领域，在各种商品领域都会有最时尚的产品出现，只是有的产品更新换代的速度快，有的速度慢。不管快慢，时尚都可以成为销售人员诱导客户购买的理由。

智慧点金

销售人员在运用客户的"追潮心理"销售的时候，为了有说服力，最好能有切实的证据来证明商品一定是时下流行的，让客户眼见为实，如杂志的照片，明星的广告，等等，这样推销的效果会更好。

常理效应：自曝“瑕疵”反而让客户更信任你

知识链接

美国著名心理学家史坦芬格曾经做过这样一个实验：一个面试官，四个求职者，要求求职者一边做自我情况介绍，一边用小型器皿煮牛奶。具体测试过程如下：

第一位求职者说：“我的学习成绩很优秀，大学期间荣获优秀学生称号，多次参加社会实践活动，有很强的社交及沟通能力。”说完之后，最后还特意说他煮的牛奶很好。

第二位求职者说：“我的学习成绩一直很好，因为大学期间参加过众多社团，所以交际能力很好，也有一定的组织能力。”与第一位有所不同的是：他将煮牛奶的煮炉碰翻了，而且牛奶也煮糊了。

第三位求职者说：“我的学习成绩不怎样，在同学当中很普通，社交能力还行，但是我能煮一杯特别不错的牛奶。”说完，将一杯香气腾腾的牛奶端了上来。

第四位求职者说：“说起我的学习成绩真有点不好意思，比较糟糕，社交能力还不错。”他的牛奶煮糊了。

如何选择这四位求职者呢？很多人觉得第一位求职者的情况是完美无缺的，而且也无可挑剔，面试官当然应该选择第一位求职者。但意外的是，面试官最后决定录用第二位求职者，这是为什么呢？

首先，我们对这四个求职者进行分类，第一位求职者：十分完美，毫无欠缺；第二位求职者：非常完美，略有欠缺；第三位求职者：欠缺，小有长处；第四类求职者：毫无长处。

从人力资源管理的角度分析，作为一个成熟的面试官，越是让自己觉得完美的人，越会让自己感到不安，甚至是怀疑，缺乏真实感。而很是完美，但有一点欠缺的人却会让面试官感到真实、信任。这种心理作用被叫做常理效应。

四位求职者在应聘的过程中，其实就是一个销售的过程，他们的产品就是自己，客户就是面试官，如何让客户接受产品，常理效应是必须要把握的一个元素。

点题

俗话说："金无足赤，人无完人。"这是很多人都明白的一个道理。当求职者在他人面前尽力展示"超人"形象的时候，就会让对方觉得求职者可能故意隐藏了缺点，产生不信任感。而如果你能够主动表现出自身的不足，这反而会增加对方的信任感，拉近彼此之间的距离。

销售同样如此，世上没有完美的产品，对一个理性的客户，在与其沟通的过程中，除了亮出产品的优势外，有选择的指出产品的不足，更能赢得客户的信任。

开篇导读

当下，走在大街小巷，为了吸引客户，商家都在宣扬自家产品的优点，铺天盖地的广告营销，无懈可击的宣传策略，无不在竞争激烈的环境中告诉客户：只有我们的产品才能给您最优的服务。

当然，产品的优点是客户的关注点，也是吸引客户的主要元素。但是销售员在与客户沟通的过程中，客户往往会对产品提出一些质疑，面对客户对产品的质疑，销售人员是不是应该坚决地进行正面回答呢？有把握的销售人员说："我们的产品是最好的，你说的这些问题都不会出现。"换位思考，如果你是客户，听到销售人员不断这样回答你的质疑，你会相信吗？必然，你会对该产品产生更大的质疑。

如果销售人员一味地褒奖产品的优势，不仅得不到预期的效果，而且可能还会适得其反。

一位优秀的销售人员，不仅懂得向客户阐述商品的完美性，而且还懂得适时地自曝产品的不足。也许销售人员可能会有这样的疑问：我们在自曝产品不足后，这是不是会影响消费者对产品的信任程度呢？自曝产品不足的时机如何把握？程度如何把控呢？

我们知道，销售人员在销售产品的时候一定要有自信，给客户一种"我们的产品就是最好的"印象，但这与承认产品不足并不矛盾，销售人员的自信是相信产品一定能给客户带来利益，一定能够帮助客户解决问题。而自曝产品不足是在不影响给客户带来利益的基础上进行的。这就涉及到自曝产品不足的时机及程度的把握。

自曝产品不足的时机把握很重要，这需要销售人员仔细观察并正确判断客户的言行举止，有下面几点需要注意：

当你向客户介绍产品优势时，发现客户脸上露出对你不信任的表情；当客户质疑产品本身的劣势时，承认产品的一些不足，往往会赢得客户的信任。

自曝产品不足的程度很重要，需要把握的一个基本原则是不可自曝影响客户利益的产品的不足处。

一个各方面都很优秀的产品，如果某一方面影响了客户使用，那么客户是绝对不会购买的。当然，这也违反了我们利用常理效应的目的。在这个基础之上，我们自曝产品的程度尽量要小，且对客户来说是微不足道的。

例如，一位老人要买一部简单的手机，因为他只用来接打电话，销售人员可以说："这部手机操作简单，辐射小，按键大而清楚，携带方便，唯一的缺点就是不能上网。”手机上网对这位老人来说是毫无意义的，所以这个不足对该客户来说就不是不足，客户当然也不会在意。反而，让客户更加相信销售人员的诚实。

原理解析

当销售人员说自己的产品完美无缺的时候，一方面会很好地吸引客户的注意力，但另一方面也会让客户产生质疑，这样完美的产品存在吗？这时适时地暴露出产品的劣势，就会降低客户的这种质疑，信任会慢慢被代替。这就是销售中的客户常理效应。

案例分析

白雪去买衬衫，在一家服装店里，白雪选好了一件纯棉的衬衫。

白雪：“老板，你给介绍介绍这衬衫的材质咋样？会缩水吗？”

老板：“这件衬衫的材质是采用高档亚麻混合布料……绝对是精品中的精品，你在这条街找不到第二家，绝对不会缩水的。”

白雪听着老板这样夸夸奇谈地介绍衬衫，一种不信任感顿时涌上心头，生怕自己被老板忽悠而上当，所以没买就走了。

来到第二家店，白雪选中了一件纯棉衬衫，向老板问了同样的问题。

白雪：“老板，你给介绍介绍这衬衫的材质咋样？会缩水吗？”

老板：“材质属于中高档，还不错，你说的缩水，应该不会吧。”

白雪听到这样不确定的答案，依然没有买就走了。

进到第三家店，还是一件纯棉衬衫，白雪问了同样的问题。

白雪：“老板，你给介绍介绍这衬衫的材质咋样？会缩水吗？”

老板：“您问的这个问题很多客户也都很关心，材质是进口的，纯棉的衣服的确有缩水的现象，但是如果您在洗的时候按照正确的方法，缩水的概率是很小的。所以，衬衫缩水的问题关键在于你后期怎么去洗涤。”

听完老板的解释，白雪觉得老板说得很有道理，于是买下了这家的衬衫。

我们来分析白雪购买衬衣的过程，为什么白雪会选择第三家呢？

第一家店：对于白雪的疑问，老板的回答过于夸张及肯定，这会让人有一种被忽悠的感觉，从而产生不信任感。

第二家店：老板虽说没有像第一家老板夸夸其谈自己的产品是如何如何好，如何如何优秀，但是他的回答过于模糊，有欲盖弥彰的嫌疑，所以，依然会让白雪感到一种不信任感。

第三家店：这家店老板的回答比较完美，首先详细地介绍了这款衬衣的材质、产地。其次，承认纯棉衬衣都有缩水的问题，但随之提出了产生这种问题的原因及解决之道。这样便拉近了白雪与老板的沟通距离，让白雪感受到了信任感。

如果要界定三家店的衬衫哪一家好，在没有使用前谁也不能马上确定，也不敢保证第三家店的衬衫就比前两家的好，也不能说前两家衬衫缩水的可能性就比第三家的大。所不同的是三家老板的回答，不同的回答也产生了不同的销售结果，只有第三家老板的回答取得了白雪的信任，所以白雪才购买这家的衣服。

当然，在现实生活中，客户购物不会像案例中的主人公那样富有戏剧性，但从这个案例中我们可以看出三种不同的销售类型：

第一种、过于自信型

销售中自信是必须的，但如果太自信反而让人产生怀疑，也不利于成交。

第二种、缺乏自信型

当销售人员自己都不能说服自己的时候，要说服客户就更加不容易了。

第三种、自信理智型

对自己的产品有自信，也不否认产品可能存在的一些缺陷，这样便赢得了客户的信任，一定程度上打消了客户的心理戒备。

智慧点金

当大家都在宣扬产品的优点时，客户面对琳琅满目的产品，选择商品的时候也充满了不确定性。了解客户的需求，在阐述产品优势的同时，客观阐述不影响客户利益的产品劣势，能够有效地拉近与客户的距离，提升客户的信任感。

幻想效应：利用客户想象力激发购买热情

知识链接

刘哲的女朋友快过生日了，这两天他一直在考虑送给女朋友什么礼物好，太贵的因自己经济收入有限支付不起；太便宜的又不能很好地表达情意，担心女朋友不喜欢。眼看女朋友的生日就要到了，他还没有想出一个两全其美的方法，无奈之下，他只能向好朋友求救。

刘哲："女朋友过生日，你说我送什么好，不要太贵又能够很好地表达心意，有没有好的意见啊？"

朋友："这还不好办，送玫瑰花啊！"

刘哲："这多老土，贵倒不贵，但也太没有创意了，没过几天，花就枯萎了，一点儿念想也留不下，这主意不好。"

朋友："谁说没创意呀，玫瑰花没有了，但你可以想办法留住记忆呀。"

刘哲："这话咋说？"

朋友："你提前到花店订一束包装精美的玫瑰花，在她生日那天，让花店的人早上10点钟把玫瑰花直接送到她的公司，这个时候公司所有员工都在，当她在公司同事众目睽睽之下收到那么一大束娇艳的玫瑰花，而且还是你送的，脸上肯定洋溢出幸福的表情，那个画面一定会让她终生难忘……"

朋友在给刘哲描述送花的情景及细节，而刘哲却深深地沉浸在了浪漫的幻想中……

点题

刘哲的朋友在向刘哲描述送礼物的情景时，而刘哲却不自觉地进入了美好的幻想之中，这就是幻想效应。毫无疑问，好朋友渲染收到花的场面打动了刘哲，他必定会按朋友说的去做。通过幻想，他能够让人提前感受当时的心情和气氛。

销售中，幻想效应也是销售人员经常用到的一种方法，如果销售人员能让客户在购买之前就感受到拥有此商品的美好，那客户购买的欲望就会提升。

开篇导读

利用幻想效应刺激客户的购买欲望最多的方式莫过于广告，不管是电视、广播，还是路边的广告牌，都会用美好的画面及具有画面感的词汇来诠释产品，其目的就是想把客户带到某一种环境氛围中，切身感受拥有此商品带来的美好感受及方便，**作为销售人员，有时候我们就需要用语言、演示等方法引导客户去幻想拥有此商品的优越性，促使其发生购买行为**。这就是“幻想效应”在销售中的应用。

例如，当一个美丽的女士去购买香水的时候，如果销售人员告诉女士香水是用哪几种植物提炼而成，并告诉她这些植物非常珍贵、难得，而且还是纯天然无污染的，有时候这并不足以让客户心动，她也许会想：“哦，你是在告诉我为什么这瓶香水这么贵吗？”只有让客户心动了，她才会行动，那么，怎么让客户心动呢？

不妨利用幻想效应，告诉这位女士：“一看您就是一位注重生活品质的人，我们这款香水国际知名影星章子怡曾经在世界电影节的时候就用过，试想一下，在周末与好朋友一起休闲娱乐的时候，你身上这种淡淡的香味定会让您更显浪漫和不俗，更会多添几分气质。”

当这位女士听到销售人员这样的语言之后，定会情不自禁地顺着销售人员所说的情景去想，而且她也非常希望如销售人员所说的那般美丽动人。有了这样的虚拟感受之后，客户的内心就会被打动。

不可否认的是，客户有时候购物确实靠的是一种感觉，一种心理上的愉悦，也就是说，你能够让客户心里得到满足、对商品有一种美好的感觉，那么他就会决定购买。而幻想效应就能够满足客户的这种心理需求，让其在未得到商品的同时就感受到拥有商品的优越性。有时候，这种方法要比销售人员不停讲解产品本身所具有的特性效果好很多。

原理解析

给客户一个平台，利用巧妙的方法引导客户幻想拥有此商品时的真正感受，并给予持续不断的肯定能量，这种能量会不断提升客户的购买欲望，当欲望达到一定的峰值时，客户便会产生购买行为。

事实上，客户在购买一件商品的时候，或多或少都会主动想象自己拥有这件商品后的一些情景，并且这些情景都是正面的，销售人员需要做的是引导或者激发客户的幻想效应，并让其向正面方向发展。

案例分析

李梦和许宁要结婚了，两人准备去拍婚纱照，可是大街上比比皆是的婚纱摄影楼让他俩不知道该选哪一家才好。

这天，两人在街上闲逛，路过一家影楼的时候，影楼门前正在举行婚纱走秀，扮演新郎新娘的模特们穿着漂亮的婚纱和笔挺的西服非常抢眼，李梦当然也被吸引了，忍不住停下脚步看着这些最新款的婚纱和西服，并开始想象自己穿上会是什么模样。

“想啥呢？咱们进去看看呗。”李梦被许宁从幻想中叫醒了，显得有点不好意思，随后和许宁来到了影楼大厅。接待人员微笑着说：“看两位这么亲密，一定是情侣吧，两位是拍婚纱照还是生活照呢？”

“我们快结婚了，想拍一套婚纱照。”许宁微笑着回答道。

接待人员：“我们店主打的是时尚婚纱摄影，与传统的婚纱照相比，不管是从婚纱造型上还是拍出的摄影效果上，都更有时代感。”说着，接待人员就拿出画册让他们看。

接待人员：“您看这是我们的样板图，这一张是体育元素，这一张是韩国元素，这一张是浪漫元素……怎么样，效果不错吧。婚纱照是你们一辈子的回忆，一定要拍得有特色。到两位结婚的时候，亲朋好友和你们一起看婚纱照来分享你们的幸福和喜悦，这样时尚大气的照片一定也会让他们惊艳的。”

李梦开始不由自主地想象婚纱照给朋友们带来的那种赞叹声，幻想自己穿着时尚婚纱走上红地毯时的那种浪漫感受和氛围。在接待人员的介绍下，自己又试穿了几套不错的婚纱，她的心情一直都非常高兴和愉悦。

最后两人决定在这家店拍婚纱照，并交了定金。

李梦和许宁本只是在街上随便逛逛，最后竟然决定在这家店拍婚纱照，而且还交了定金。这看似有点意外，但仔细分析李梦与许宁看婚纱照的整个过程，就可以看出这并不是意外，而是一种必然。

首先，影楼门口的婚纱走秀吸引了李梦，引导李梦产生了幻想效应。没有一个女孩不喜欢漂亮的衣服，就更别说漂亮的婚纱了。当李梦看到影楼前的婚纱走秀时，便开始幻想自己穿上漂亮的婚纱会是什么样，这也是他们走进影楼大厅的动力。

其次，进到影楼，接待人员告诉他们影楼的主打拍摄风格是时尚系列的时候，他们会好奇时尚系列的婚纱照会有什么不同；接着，接待人员给他们拿照片画册进行观赏，这就让他们的想象更加具体起来。

再次，接待人员向他们描述“婚纱照是一辈子的回忆”“亲朋好会分享幸福和喜悦”等情景的时候，让李梦幻想到了拥有这件婚纱的美妙和浪漫，进一步推进了李梦对该店婚纱的好感。

最后，在接待员详细的介绍下，让李梦和许宁选择了这家婚纱店便成了必然，而不是意外。

这就是激发客户想象力的效果，销售人员要擅长抓住客户的心理，说出的每一句话都要能打动客户，让客户浮想联翩，最后让客户对你的产品有一种依赖感，让他觉得：如果不选择你的产品，就失去了那种美好。这便达到了幻想效应的作用。

智慧点金

运用“幻想效应”销售时，常用的两种方法是：

第一种方法是运用极赋感染力的语言来激发客户的想象力，尽量让语言赋有画面感。

第二种方法是借用图片或者视频，用更直观的方式让客户想象产品给他带来的美好体验。

需要注意的是销售人员要根据客户的个人情况和心境恰当使用“幻想效应”，另外如果能循序渐进、一步步激发客户的想象，则会起到更好的效果。

Part 6　异议篇

我们的宗旨：**解决了异议，便离成交更近**

客户有异议，很正常；销售人员去解决客户异议，但久久不能够让客户满意，这就不正常了。因为只有快速解决客户异议才是成交的根本。而选择解决客户异议的方法很重要，选对了方法，你便能够赢得客户的信任，找到达成成交的钥匙。

分解法：解决价格型异议

知识链接

有这样一则童话故事，话说在森林王国中住着一对可爱的小兔子，它们恩恩爱爱，幸福生活。随着时间的推移，两只小兔子生了一窝兔宝宝，成为一个六口之家。

由于数量增加，家里的开支额外增高，所以兔爸爸经常要采一些松子，拿到集市上换钱，购买其他东西，补贴家用。这天，兔爸爸采了一大筐松子，拿到集市上，准备以100元的价格出售。这时，一只野猪走了过来。

野猪："你这一筐松子多少钱啊？"

兔爸爸："很便宜，100元。"

野猪："啊！这还便宜，集市上再也找不到你这么贵的东西了。"

随后，来了好几个动物都觉得很贵，兔爸爸想："这一大筐松子，如果我平时分开销售的话要卖150元呢，今天卖100元怎么还会有人觉得贵呢？"

想到这里，他回家将这一大筐松子分成了均等的15份，然后拿到集市上以每份10元的价格重新销售。

让兔爸爸没想到的是，很多人都围了上来，疯狂抢购，都说兔爸爸的东西很便宜。

点题

尽管只是一个童话故事，但是我们从中却能够发现一个道理，如果你是一位客户，一筐100元划算，还是一筐分为15份每份10元划算呢？当然是前者，可这些动物为什么要接受后者呢？这就是分解法所带来的不同效果。兔爸爸将100元的东西分成15份，以每份10元的价格出售，这样，当他人卖二三十元的时候，而你仅卖十元，给他人的第一感觉就是便宜。

人的思维就是如此。在销售中，销售人员可以利用人们这样的思维习惯，在遇到客户价格异议的时候，运用分解法进行解决。

开篇导读

相信很多销售人员经常听客户发这样的牢骚："东西是很好，可是价格也很贵，算了，还是不买了。"

销售人员听到客户这种说辞后，通常的做法是告诉客户产品是如何如何好，让客户明白产品贵得有理由，或者运用这样几种应对方法：强调产品优势法、比较法以及分解法。

强调产品优势法。这是我们平时经常用到的方法，因为它的确可以冲破销售沟通中的种种阻碍。当客户提出价格异议的时候，运用这一方式，可以对沟通产生很多积极作用，尤其可以增强客户购买产品的欲望，当客户的购买欲望被激发到极致时就会减少对价格的关注。

比较法。此方法在销售中也经常被用到，效果较为明显，具体做法是：销售人员可以把客户特别满意的产品与其他不同档次的产品进行比较，然后让客户在多种产品之间进行选择。通过比较，销售人员再随机化解客户的价格异议。例如：

客户："产品总的来说还是不错的，只是价格太高了……"

销售人员："是这样啊，如果您觉得价格高的话，可以看看这一款……"

客户："不行，这一款外观没有刚才那一款好看，性能也不太好……"

销售人员："是啊，虽然这一款价格比较低，可是各方面都不如刚才那一款，我刚才向您介绍的那款性能优良、外形设计精美，而且做工非常好，虽然价格比这一款高，但是更加符合您的需求……"

这两种方法是销售人员解决客户价格异议经常用到的方法，运用起来相对比较简单，效果也较为明显。而**分解法**在实际操作中很少会运用到，不容易操作，但由于是从内心的心理入手进行化解，所以，如果运用恰当，在解决客户价格异议中较为有优势。下面我们就此方法进行详细的解读。

第一步、从客户自身进行分析

因为价格问题而没有付出购买行为的客户可分为两种类型：一种客户是有能力购买，但是他觉得很舍不得花钱，再三犹豫商品是否值那么多钱；另一种客户是没有能力购买，他无法承受商品的价格，即使产品再便宜一点也不会购买。所以，在化解客户价格异议时销售人员首先要确定是什么类型的客户。

第二步、为客户精打细算

因为使用分解法的主旨是将价格不断细分，让客户从细微处考虑。所以，要引导客户精打细算，一方面让客户知道你是在为他精打细算；另一方面为运用分解法做准备。

第三步、找准时机

当客户认同你为他从细微处考虑后，顺势抛出分解话术。

第四步、分解话术

语言的主旨是分解商品价格，这一点一定要牢牢把握。例如，"这种高压锅的使用寿命至少是10年，即使是按10年计算的话，您一年只需花费24元，一个月才花2元钱。而在使用过程中，为您节省的做饭时间和燃料费用可要比这多得多……"

原理解析

让客户更加清楚明白商品确实不贵是价格分解法的重点，一件商品价格是否高，客户通常会通过与竞品的对比来确定，而商品到底值不值却无法用这种方式估算。价格分解法通过细分将商品与客户的生活联系起来，能够让客户有一个更加真切的感受，这样不仅会让客户觉得价格划算，而且还会产生一种对商品的超值感，从而化解价格异议。

案例分析

张田来自农村，家境贫寒，参加工作发了第一个月工资后，准备去买一台电脑。这天，他来到电脑城，看到各种款型很是喜欢。

他的脚步停在了一个品牌电脑的柜台前，看着自己喜欢的一种款式，然后再看看价格，不禁感叹了一声："好贵呀！"

销售人员赶忙走过来向张田介绍这款电脑的性能是如何好、技术是如何先进等。

张田说："好是好，可是太贵了，一下子让我花这么多钱，有点接受不了啊。"

销售人员见张田因价格问题似乎不愿意再听她讲电脑的性能，于是换了一个角度说："俗话说'一分价钱一分货'，贵当然有贵的理由，旁边的这一款倒是便宜，要不您拿这一款也行。"

张田："这一款牌子不怎么好，而且配置很低。"

销售人员："对呀，看来您也很懂电脑，您买一个质量不好的回去，如果经常出问题，修理费都赶上这一款高配置的电脑了。"

张田没说话，看着电脑依然盘算着。

销售人员继续说："一下子拿出这么多钱，的确多，可是，你算一下，这款电脑你最少用5年也不会出问题，平均一年也就花1000块钱，那一个月也就是80几块钱，也就是说一天还不到3块钱，你平时在外边上网也不止3块钱吧。一天花2块多就能用上自己的电脑，而且还是非常不错的配置，还是很划算的。"

张田听销售人员这样一说，感觉说得挺有道理，等于一天才支付了几块钱，而且这款电脑的性能确实不错，既然决定买就买一个性能好一点。于是，张田购买了这一款电脑。

我们看到，销售人员只是将电脑的价格分解了一下，客户便买下了这款电脑，是产品的价格与价值变了吗？当然没有，其主要原因是销售人员通过分解法让张田更加清楚地看到了产品的价格与价值，而不是只停留在以前那种通过价格对比确定产品价值的模糊概念上。

把价格进行分解，就是为客户算一笔精细的账，当客户觉得你说得有道理，看明白商品的真正价值时，他就不会觉得价格贵，而会觉得商品值。如案例中的张田一样，起初觉得电脑贵是因为与其他商品进行了对比，而通过销售人员对价格的分解，观点自然就会改变。

事实上，在现实生活中，大多数客户与案例中张田的想法一样，因为他们对产品不了解，所以只能从对比价格上了解其价值，客户觉得商品贵也就不足为奇，而且客户有时候还会下意识喊贵。

在其喊贵的时候，分解价格，让客户找不到贵的理由。

智慧点金

“价格分解法”是在客户对商品价格提出异议时，销售人员把总价格进行分解，然后呈现商品价格的一种方法。在使用的过程中，销售人员需要注意的是：

第一、此方法适合周期性较长、耐用的商品，这样可以很好地把价格分配到每年、每天甚至每小时，会更有说服力。

第二、此方法适合用一些比较贵重或价格本身比较高的商品上，因为这样的商品往往与人们的生活观念有冲突，这时就可以用价格分解法进行很好的解释。

询问法：解决需求型异议

知识链接

张然从小喜欢读书，世界名著，众多畅销书几乎都读过。大学毕业之后，由于暂时找不到适合自己的工作，就在一所中学的门口开了一家书店，这样既满足了自己的兴趣，还解决了自己的工作问题。

书店开业后，刚开始一段时间生意还不错，可是生意却越来越差，借书、看书的人越来越少。无奈之下，他想出了一个办法，在经常来看书的学生中做一个调查问卷，从中找找原因。

他设置了几个问题，印刷成页，发给学校门口来往的学生。调查问卷做完之后，他终于发现了书店经营不佳的问题所在。

原来，学校对图书馆进行了扩充，新购进了大批量的图书，学生在图书馆就可以借到各种各样的书，也就是说，图书馆已经满足了大部分学生的需要，学生们也就没有必要再去他的书店花钱买书了。

但是，在调查问卷中他发现了一个很重要的问题，学校图书馆的书有一个缺点，更新非常慢，几乎都是旧书。学生们建议希望能在书店买到最新的畅销书，能够让他们了解更多新资讯；有些学生还建议说自己需要考试类的试题或者资料，希望书店能提供更多这方面的书。

通过这一次调查，张然终于明白了为什么他的书店会变得冷清，也明白了读者的需求。随后，他把经营方式做了一个大调整。按照学生们的要求，重新调整书的类型，提升新书的更新速度……

经过一番调整，张然的书店生意重新火起来了，光顾的学生一天比一天多了起来。

点题

张然用调查问卷的方法明白了客户不光顾自己书店的原因，清楚了客户的需求，从而顺利解决目前的问题。事实上，这就是一种非常普遍的通过询问解决问题的方法。在销售中，销售人员同样需要使用询问的方式了解客户的需求，从而解决其问题，完成销售。

开篇导读

销售工作中，在通常情况下，都是由销售人员向客户积极介绍产品，然后回答解决客户提出的各种疑问。我们往往以为，这样就可以让客户完全了解产品。可是即使我们这样积极做了，还是不能够满足客户的需求，解决不了客户的问题。

其实，客户在购买某商品的时候，有些需求比较明确，而有些需求也是比较模糊的，如客户要买一辆车，准备上下班用。而他可能不知道，他买了这辆车后还可以接送客户，推动他事业的发展、自驾出游，等等，这时就需要销售人员去询问引导。而且有的客户由于戒备心理，不愿意主动说出自己心里的真正需求，这更需要销售人员对客户进行询问。

采用询问法解决客户异议，主要有以下两个优点：

优点一、变被动销售为主动销售

通过询问法可以发掘更多有利于成交的信息，最重要的是能够找到客户真正的异议点，这样销售人员就能够有针对性地解决客户需求异议，缩短销售时间。

优点二、避免产生其他异议

有些客户提出的需求异议可能是概括性的或者是含糊不清的，这时销售人员不要急于回答客户的需求问题，应该进一步进行详细询问，如客户说："你的产品没有某品牌的产品好。"销售人员应该继续询问哪方面没有某品牌的产品好？确定客户的需求异议后，然后有针对性地作答，而不是客户笼统地提出需求异议，你便笼统解决，这样容易造成客户提出其他方面的异议。

原理解析

只有满足客户需求的产品客户才会购买，而客户类型分很多种，而且需求各异，所以，销售人员用"询问法"解决客户需求异议是最为有效的方法，而且还应该成为日后销售工作中常态解决异议的方式。

案例分析

一位客户准备买一部手机，首先他来到A柜台前，看中一款手机后，便对着手机旁边的具体参数看了起来。过了一会儿，A销售人员问："您觉得我们这款手机怎么样呢？"

客户："不太适合我。"

A销售人员听了客户的回答之后马上说："这款手机是今年刚刚上市的，采用最流行的操作系统、能够3G上网……"

A销售人员像机关枪似的开始介绍该手机，把手机的优点统统说了一遍，希望能够打动客户。但客户听完介绍后，摇着头离开了。

随后，客户来到了B柜台，看中了一款手机后，B销售人员同样问道："您觉得我们这款手机怎么样呢？"

客户依然说："不太适合我。"

B销售人员听了微笑着问："您用手机主要做什么呢？"

客户："接打电话，发发短信，然后再上上网。"

B销售人员："您喜欢玩手机游戏吗？"

客户："这个不需要，手机上最好也别带这玩意，免得让我家孩子玩。"

B销售人员："那您大概需要什么价位的呢？"

客户："不要太贵，大概1500～2000元吧。"

销售人员微笑着说："那这款手机肯定不适合您了，它既有手机游戏而且价位也高，我给您介绍一款适合您的吧。"

随后，销售人员按照客户的需求拿出了一款手机，交流—报价—试机—成交。整个过程用了不到20分钟的时间。

案例中A销售人员和B销售人员的回答形成了鲜明对比，虽然A销售人员说了很多，介绍了很多产品的优势，但客户似乎并没有听进去，最后摇头离去。而B销售人员在客户说不合适后，并没有极力地介绍自己的产品，而是进行有条理的询问。

通过B销售人员条理性的询问我们看到，客户的具体需求显现出来了，这时B销售人员根据客户的需求，推荐了满足这些需求的产品，那么，客户之前所说的不适合就被推翻了，最后的成交也就变得顺理成章。

智慧点金

"先生/小姐，您有什么需要呢？"这是在销售中与客户沟通的根本，在任何时候都需要询问客户的需求。询问客户需求要循序渐进，口气温和，也可将这种方式融合在聊天中，这样会起到更好的效果。

动静法：解决主观型异议

知识链接

我国著名笑星、喜剧表演艺术家、国家一级演员赵本山一次参加一个晚会，在晚会结束后遇到了这样一件事情，一位观众问赵本山："赵老师您好，我是您的粉丝，非常喜欢您的节目，听说您在全国笑星中的出场费比较高，一场需要一万块，这是真的吗？"

赵本山听到这个问题后，觉得很难回答，如果肯定回答观众的问题，必定会给他本人以及今后的演艺事业带来诸多不便；而要是否定回答，在众多媒体的关注下，很多人必定不会相信，加之媒体一炒作，也会对自己产生不利的影响。

赵本山想了想说："您这个问题很突然，请问您在哪里工作呢？"

观众："我在一家汽车销售公司从事销售工作。"

赵本山："你们主要经营的是什么车型呢？"

观众："轿车、货车、皮卡、越野、特种车等。"

赵本山："那皮卡一辆多少钱呢？"

观众："大概7万元左右吧。"

赵本山："那有人给你7000元，你卖吗？"

观众："当然不能，价格是根据产品的质量决定的。"

赵本山："那就对了，我的价格是由观众来决定的。"

点题

面对观众抛出的较为难回答的问题，赵本山通过一步步诱导，避开了从正面回答问题，从侧面回答了观众的疑问。这样，既解决了赵老师所担心的问题，又没有答非所问，让交际气氛变得和谐而且轻松。换个角度分析，如果赵本山拒绝回答观众的问题，或者说："请不要问个人的隐私问题。"这样就可能破坏沟通的气氛，给观众留下一个不好的印象。

显然，赵本山是一个善于沟通的人，他采用的这个方法就是"动静法"，面对客户的主观型异议，运用此法既能很好地解决客户的问题，又能够让客户感到满意。

开篇导读

在销售过程中，随时都可能遇到客户异议，而销售人员的职责就是解决客户的异议，客户异议处理恰当，最后就会成交，否则就可能会失败。可以说，销售过程是销售人员处理客户异议的过程。客户的异议有很多种，而最容易和客户擦出火花的就是客户的主观型异议，对这种异议，销售人员一旦处理不当，就会将客户拒之于千里。

销售是与客户沟通的过程，如同与朋友的交流，你的语言过于强硬，定会让对方产生反感的情绪，在心理上产生一种拒绝与你交流的倾向，这是不利于最后成交的。

例如，在销售的过程中客户常常喜欢将不同的品牌进行比较，这个阶段说明客户对你的产品已经有了购买意向，但又担心自己是否会买亏，这时销售人员需要做的是强化自身产品的优势，告诉客户：我的产品很好，正是你现在需要的；对方的产品也不错，不过暂时你不一定会需要。而不是生硬地贬低对方的产品。如下面这个案例：

销售人员A："先生您好，这款车目前售价32万元。"

客户："这车怎么这么贵呢？人家××车型和这辆配置一样，要便宜3万多呢？"

销售人员A："那种车型根本不能和我们这款车比，制动差、提速慢，谁还买那车呀！"

客户听了之后脸上露出反感的表情，一句话也没说，走出了大厅。

同样的情景同样的问题，来看销售人员B的回答。

销售人员B："看来您也是一个懂车的人，您说得对，我们这款车确实要比您说的那款车贵3万多，但我们这款车的发动机、底盘都是从德国原装进口的，在技术上要领先很多，加之运费、关税等成本就会高一些，价格高也在情理之中，您说对吧。"

客户："嗯，你说得也有道理，可是同样的配置，技术参数几乎都是一样的，即使是德国进口，怎么会相差这么多呢？"

销售人员B："先生您真会买东西呀，相差确实是多了点，不过一个产品的价格是由三个方面决定的，材料、制造工艺及品牌价值，就说这款车钢板的厚度要比你说的那款车厚0.2毫米，制造工艺是在全球最先进的生产车间完成的，品牌在全球也是数一数二，您对车这么了解，相信您也知道。"

客户："哦，是这样啊。"

两个销售人员面对客户的异议的不同解决，造成不同的结果。差异很明显，A销售人员太急于正面解释，而且在解释的过程中贬低了对方的产品，从而引起了客户的反感与不满。而B销售人员先认同、安抚客户，缓和了气氛，与客户先打"太极"，然后再说明具体情况，对客户的异议从侧面进行解释，取得了很好的效果。

原理解析

当客户出现主观异议时，销售人员不要急于从正面解释说明，而是先缓和与客户的沟通气氛，然后避开异议话题，从侧面沟通进入到客户的异议话题，进而解决。这便是处理客户异议中的"动静法"。

案例分析

在一家医药超市，一名客户气势汹汹地推开了大门，径直向刚来一个星期的销售人员小王走去。

客户："你昨天说这种药能够治老年人的胸闷，可我父亲昨天吃了之后晚上就开始拉肚子，这是怎么回事，请你给我一个解释。"客户语气中带着愤怒。

还没等客户说完，销售人员小王便急忙说："怎么会，这种药已经上市7年了，从来没有像你说的这种情况发生，是不是您父亲吃了不干净的蔬菜了？"

客户："你父亲才吃了不干净的蔬菜，简直是胡说八道，明明是你的药有问题，却说是我们的问题，不行，今天你非得给我一个说法。"

眼看事情被越闹越大，销售经理急忙出来向客户道歉，并将客户请到了自己的办公室，问清了事情的来龙去脉。

销售经理："是这样啊，大姐您别着急，坐下慢慢说，您父亲的身体现在无碍了吧？"

客户："能无碍吗？昨天拉了一天的肚子。"

销售经理："这件事情我们一定给您一个说法，首先我不得不敬佩您是一个孝顺的女儿，我经常给父亲钱，父亲身体不好我却从来没为他买过药，这点得向你学习。为了找到原因，我需要问您几个问题，您父亲是饭前吃的药还是饭后？吃了多少粒呢？"

客户："饭前吃的，按照说明书吃了四粒。"

销售经理："哎呀！真是对不起，怪我们的销售人员没有给您说清楚，这种药必须饭后分批吃，一方面这个时候胃不空；另一方面需要先吃一粒，等胃适应后再吃三粒，这样就不会有什么问题了。"

客户："那你们怎么不早告诉我呢？"

销售经理："真对不起，这是我们工作的失误，这样，我给您免费办一张会员卡，下次您再来可以给您打8.8折。"

客户："行吧。"

案例中，客户的异议是在销售过程中的投诉。对客户来说，这种异议不仅主观而且强烈。因此，销售人员需要在情绪上与客户进行互动，不要激化客户的情绪，运用动静法进行迂回。认真客观地分析客户的问题。如在本案例中，应该客观地分析是否是客户使用不当造成的原因。当然，如果确实是质量出现了问题，就不要使用动静法与客户周旋，果断退货或者调换才为最佳策略。

在运用动静法解决客户主观型异议时，销售人员还应该注意语言的感情色彩，既要有声，还需要有色彩，给客户一种画面感，这样更能影响客户的情绪。

如一位客户准备去西藏旅游，但是担心会出现高原反应，于是对旅游社销售人员说："这个季节去西藏怎么样？听说很多人都会有高原反应，一下飞机就被送到了医院，是真的吗？"

销售人员："看来您对这方面已经做了很多功课啊，确实是有这样的事情发生，但只是个别，因为与个人的身体素质有关。如果您担心高原反应的话您可以坐火车去，火车的速度虽然慢一点，但是可以让您慢慢适应高原气候。而且您坐火车还可以享受到一路无限的美好风景，如蓝蓝的天空、清澈的河水、慢慢接近的雪山、与火车赛跑的藏羚羊，这些都是坐飞机无法感受到的，我想，这对您一定是一种美好的旅行享受。"

客户听了这样的介绍必然会想，虽然坐火车时间长了一点，但这确实也是一种享受，值得。客户当然也就会被打动。这就是"动静法"中运用有声有色的语言解决客户异议的优势。

智慧点金

运用动静法解决客户的主观异议讲究的是"柔性"，犹如太极拳一般，柔中带刚，在与客户不发生冲突的前提下，从客户异议的侧面入手，解决客户的问题，让其接受或认可产品。

暂时忽视法：解决抱怨型异议

知识链接

唐洁在一家文化公司上班，有一个可爱的小女儿，今年5岁。由于平时工作忙，唐洁一直都没有时间带女儿出去玩。为此女儿有很多的怨言。马上快到周末了，为了让女儿高兴，唐洁答应这周末带女儿去玩。

可不巧的是，唐洁的大学同学正巧来这里出差，唐洁不得不周末去招待她的同学，因此，带女儿出去玩的承诺也没有兑现。为了让女儿高兴，回家的时候为女儿买了一条小花裙。

到了家里，唐洁看着女儿撅着的小嘴，赶紧把裙子拿出来，说："你看，妈妈给你买了多漂亮的花裙子，快过来试试，你穿上肯定很好看。"

女儿看也不看一眼就说："我才不试呢，难看死了，一点儿都不漂亮。"

唐洁微笑着说："你说不漂亮就不漂亮，晚上妈妈给你做最爱吃的虾。"

女儿："谁要吃你做的虾，你做的虾一点儿都不好吃，我才不吃呢！"

唐洁："那你自己玩，我去做饭啊。"说着唐洁来到厨房开始做饭。

饭做完之后，唐洁将虾和其他菜放在桌子上，这时女儿的情绪也好了很多，开始大口吃虾，并说明天上学就穿妈妈买的新衣服。

点题

这样的事情在有孩子的家庭中经常会发生，女儿真的不喜欢唐洁买给他的裙子吗？女儿真的不爱吃妈妈做的虾吗？显然不是，如果妈妈较真和女儿辩解裙子是否不漂亮、自己做的虾是否不好吃，那么这件事情就会没完没了。所以，唐洁采用了忽视法，暂时忽视了女儿的抱怨，最后，自动消失。

同样，这个方法也适用于销售中，面对客户的一些抱怨，忽视法通常能够起到很好的效果。

开篇导读

有一类客户，当销售人员向他介绍产品的时候，他会用挑剔的眼光来审视商品，并且还念念有词地表达对商品的不满，提出很多怨言。对于这类抱怨型的客户，销售人员该怎么应对呢？

销售人员应该判断客户抱怨的原因是什么？因什么而抱怨？

如果因为商品质量或者服务出了问题，销售人员需要认真积极且真诚地去对待。而如果商品质量以及服务本身没有问题，如客户抱怨说："你们的产品为什么不请明星代言呢？"销售人员就可以采用忽视法。

当然，客户的任何一种抱怨都是有目的的，而类似于这样的抱怨，在客户心中并不是他们口中所说的抱怨，而是抱有其他目的，如客户希望通过这种抱怨在沟通中占据主导地位；通过这种抱怨达到降价的目的；以及通过这种抱怨达到其他对自己有利的目的等。

还有一种情况，因为客户性格及交流习惯的问题，客户根本没有任何实质性的意见，只是喜欢发表一下自己的高见而已，以显示自己的品味和见解，这类客户只是想满足自己表达的欲望，销售人员也可以采取暂时忽视法就可以解决。

原理解析

所谓“暂时忽视法”，主要是指当客户提出一些反对意见后，并不是真的想要获得解决或讨论时，客户的意见与眼前的交易没有任何直接的关系，销售人员只要面带笑容地表示同意便可。相反，对于这种情况，如果销售人员抱着认真的态度去处理，不但费时，而且还有节外生枝的可能。

案例分析

李超是××食品厂的业务员，该食品厂是几年前刚成立的一家企业，客户不是很多。所以，企业的主要工作是在全国各地开发新客户。该公司的产品非常具有优势，与经销商合作的模式也很灵活，很多客户也是因为有利于自己的合作模式纷纷选择了该企业。

李超主要负责东北地区的客户开发，寻找经销商。由于是新产品、新品牌，客户的认知度不是很高。所以在推广及客户开发中具有一定的困难。

这天，李超在拜访了几位经销商之后，效果还不错，虽然没有签单，但意向很强烈，这对一个新品牌来说已经相当不错了。这时，他看见大街上开了一家新超市，李超想：“这可是一个不错的机会，如果能将公司的产品打入这个超市的话，那么销量也一定会不错的。”

想到这里，李超直奔该超市，找到了该超市负责采购的经理，李超很有礼貌地说：“经理您好，我是××食品厂的业务经理……”

李超进行了自我介绍，同时详细地介绍了公司的产品，随后，该采购经理问到了产品价格，李超拿出合作协议，同样条理清晰地说明合作模式以及销售返点等。这时，客户看着协议很长时间后，微笑着说：“产品倒是挺不错，不过缺少必要的广告宣传，如果你们公司能够用国内一线明星做广告的话，我一定定购你们的产品。”

李超听了之后并没有说话，只是微笑着点头，停顿了片刻才说：“嗯，您说得特别对。”接着，李超继续向该经理介绍公司的发展前景及在本地区的优势。

最后，该经理看到该产品确实有市场，说道：“产品确实有一定的市场，不过合作模式上我希望能够调整一下，这样，你把资料留下我仔细看看，下周一你来找我，我们再具体详谈。”

李超听到经理这样说，说明他对产品有很强的定购意向，礼貌地告别，回去准备下周一与该经理的会谈。

综合分析该案例，李超所在的企业由于刚刚成立，产品确实需要大力度的宣传，但是该企业的产品过硬，合作方式灵活，这是该企业最大的亮点。

李超在向超市采购经理介绍产品的时候，彼此谈到了产品以及合作模式，甚至涉及了客户的利益因素，如返点。这时客户提出“产品倒是挺不错，不过缺少必要的广告宣传，如果你们公司能够用国内一线明星做广告的话，我一定定购你们的产品”。显然，这是不符合常理的，如果客户在意广告宣传的话，应该在谈及合作模式之前提出来，况且对经销商来说，主要利益在于厂家与他们之间的合作模式上。

因此，可以判断出客户这种抱怨并不是他内心的真实想法，客户只是想通过这种抱怨达到另一种目的。从而，李超采用了“暂时忽视法”，并没有直接解决客户的这种异议。随后客户提出希望对合作协议进行调整，进一步说明了客户之前的异议属于“不真实”的抱怨型异议。

在使用忽视法解决客户的抱怨型异议时，经常使用的方法有：

引开话题——将话题引开，转移客户的注意力，这样也就将客户的抱怨点引开了。

良好态度——虽然客户在牢骚抱怨，销售人员仍要用微笑的态度面对客户，可以用微笑点头等方式示意你同意他的意见。

夸奖对方——当客户提出异议时，销售人员可以顺着客户的意思，夸奖客户的意见很好，这样对方一般都不好再多说什么了。如微笑点头，表示“同意”或表示“听了您的话”。或者说“您真幽默”“嗯！真是高见！”等。

智慧点金

“暂时忽视法”适合用在客户发表一些没有实质性意见和抱怨的时候。如果客户提出的问题真的很值得注意，销售人员就应该认真对待，不可忽视。对一些“不为反对而反对”或只是想表现自己高人一等看法的客户，便可“暂时忽视”。

演示法：解决沉默型异议

知识链接

李老师是一名地理老师，这天他所要讲的课程是全球气候的分类，因为气候类型有很多种，为了能让学生们分清世界各地的气候类型以及各种类型所具有的特点，李老师在上课之前做足了功课，他信心满满地走进教室开始讲课。

课堂上，李老师讲得神采飞扬，可是他发现学生们的反应竟然很冷淡，对他所讲的内容表现得很不感兴趣，他甚至看到有些学生开始昏昏欲睡了。

看到学生们这样的表现，李老师有些失望，甚至失落。其实，他如果用批评的语言或者威逼手段，学生们也会认真听课。但是他觉得这样即使学生认真听课了，也是心不在焉，达不到应有的效果，而且这也不是一名优秀老师所做的。

于是，他在第二次上课的时候换了另一种教学方法。这天他带来了学校的投影仪，把所讲的课程内容全部做成视频及图片的多媒体课件。

这天一上课他便打开了投影仪，顿时吸引了很多同学。接着他打开视频，用演示的形式一边放视频一边讲课。当讲到某一国家时，屏幕播放相关图片，他再结合课本上的内容进行全面的讲解分析。

没想到这一讲课方式吸引了所有同学的注意力，在课堂上，没有同学再睡眼惺忪，没有同学再昏昏欲睡。同学们都睁大眼睛听着老师所讲的地理知识，并且有同学不断地举手问李老师各种关于气候的问题，课堂气氛变得异常活跃。

点题

李老师在讲第一堂课的时候，同学们注意力分散，昏昏欲睡，对李老师的课程内容表现得较为冷淡，显然，这种教学方法根本无法达到预期效果。而后，李老师改变教学方法，利用多媒体课件进行多媒体教学，这种类似于演示形式的课程内容，马上吸引了同学们的注意，并且取得了很好的效果。在这个过程中，课堂气氛之所以变得积极活跃，主要原因在于李老师的课堂演示。

在销售工作中，同样也会遇到像同学听课这种类型的客户，销售人员讲了半天，客户却始终默默无语，那么销售人员是否也能用演示法解决这类客户的沉默异议呢？

开篇导读

“请问有什么需要吗？”

“这是我们的新款，性能质地都非常不错……”

“有需要的话我可以详细的帮您介绍一下……”

无论销售人员怎么介绍，客户就是不理会，或者只说一些“哦”“嗯”“是吗”之类的话，让销售人员摸不着头脑，这类客户便是沉默型客户的典型。

在销售人员介绍商品的过程中，他们通常面无表情，或者表情冷漠，只关注产品并不理会销售人员，或者以消极的态度应对销售人员的提问、讲解。像这种任销售人员费尽口舌也无动于衷的客户是很多销售人员所“头痛”的。

在当下的销售工作中，有相当一部分销售人员在面对这类沉默型的客户时，会觉得并不是准客户，不是正儿八经地购买产品的客户，于是便放弃了；有些销售人员可能还会觉得这就是来捣乱的，该去哪儿去哪儿，于是丢在了一边。其实，这都是对客户资源的一种浪费。客户之所沉默，主要因为以下两种情况：

原因一、故意沉默

这类客户想用沉默来提高自己的“身段”及地位，旨在掩饰自己心里某些不利于自己的因素。

原因二、习惯型沉默

这类客户善于思考，而不善于沟通。

因此，在面对这种客户时，不管客户的沉默属于第一种还是第二种，我们都可以用演示法进行与其沟通向其展示产品，通过这种演示，他们都会对产品有一个更深入的了解。

当你向客户积极认真地介绍产品而客户沉默不语、态度消极时，对于有条件现场演示的产品，对其进行现场操作，以行动代替语言，而对于不方便现场演示的产品，销售人员可以通过视频或者图片向其说明，这都可以达到让对方了解产品的目的。

此外，对于沉默型客户我们在采用演示法的同时，还可以问客户一些开放性的问题，引导客户多谈谈自己的想法。当他开口说话的时候，他就会将注意力集中在你的产品上。因此，一边演示产品时，可以一边鼓励客户多说话，多问他对产品的看法和意见。

原理解析

人在接受外部信息时，主要通过感官来感受和判断，如说眼睛、耳朵等，但据有关心理研究表明，人在感受外部信息的时候，87%都是通过眼睛接受的，只有13%才通过其他感官接受。所以，当客户不积极时，演示法可以让客户更好地感受到产品特性，更加积极地刺激客户的购买欲望。

案例分析

李元是一家内饰装修公司的销售人员，这天一大早，一位客户便走了进来，李元非常热情地迎了上去。向客户问好并进行自我介绍，但客户只是象征性地点了点头，表现出很不在乎的样子，只是四处转，并观看他们的装修模型。

遇到这样不吭不响的客户，着实让李元感到“头疼”，他觉得这个客户只是随便转转一饱眼福的，不如让刚来的销售人员锻炼锻炼吧。于是他向刚来的销售人员王大民招了招手，对客户说：“不好意思，我这边有点私事，让我们这位销售人员给您介绍好吧。”

客户依然没说话，只是点了点头，简单地“嗯”一声。

王大民来公司只有一个星期，觉得这是一个很好的机会，和客户打过招呼，就把这一个星期来所有学习到的产品知识向客户介绍了一遍。介绍完之后，客户依然没有表现出任何自己需要或者喜欢那种装修风格的意思。王大民想，既然这样，反正闲着也是闲着，不如带客户去看看样板房吧。

来到样板房，这时客户似乎精神了很多，表现出了极大的兴趣。王大民一如既往地向客户介绍样板房中各种造型及所用材料。这时，客户向王大民不断地发问“这个衣柜挺好看，做这个得多少钱”“这个酒柜不错，如果再加高点就好了”“像这样的装修，得多久才能完成”，等等。王大民一一都为客户详细地做了解释，客户很满意。

随后，客户和王大民回到公司大厅，经过进一步的协商，最后签订了装修协议。

在这个案例中，李元与客户在沟通的过程中，客户没有说话而表示沉默，显然是客户没有看到自己感兴趣的东西，而李元将这种沉默认为是客户“逛街”的表现，为此，他失去了这位客户。

王大民的顺利成交并不在于他的口才有多好，销售技巧有多高明，而在于他将客户带到了样板房，为客户实实在在地体现了公司的装修风格、质量、格调等，让客户直观感受到了公司的产品，这便是王大民误打误撞使用的演示法。

有时候我们逛街的时候会看到这样一幕，特别是农村的小街道上，一位卖塑料盆的商贩也不吆喝，而是使劲拿着盆在地上摔，然后将盆放在地上，两只脚在上面踩。人们被商贩的这一系列动作吸引了过去，连声说“这盆真结实啊”“这盆质量真好”。有的开始问多少钱，一会儿，很多人开始拥挤着买盆。卖塑料盆用的这种方法也是演示法，这也是大多数销售人员使用演示法是所需采用的模式。

智慧点金

销售人员在运用“演示法”的时候，要注意以下几点：

第一、销售人员一定要事先对产品了如指掌，并确定加肯定。避免在演示的时候出现失误，否则，客户就会对销售人员及产品失去信任，反而适得其反。

第二、在演示的过程中，为了让客户有更加直观的感受，销售人员在演示的过程中，尽可能地让客户参与到其中，一方面可以让客户感受到产品的优越性，提升客户的购买欲；另一方面，也可以打破客户的沉默。

以优补劣法：解决客观型异议

知识链接

宋东今年8岁，上小学三年级，非常调皮，在学校里让老师很是无奈。在家里，父母总是担心他在玩耍的时候弄坏家里的东西，甚至父母在做饭的时候也要时不时地出来看看孩子在干什么。

一说起宋东，邻居、老师经常感叹的一句话就是："这孩子以后可怎么办啊！"似乎都在为宋东的前途担忧。

恰逢周末学校举行运动会，平时宋东也喜欢运动，于是，老师为他报了名，参加了他人生中的第一次运动会。由于班里很多学生都不爱运动，主动报名的人很少，宋东又比较积极，在老师的鼓励下，宋东报了好几个项目，长跑、短跑、铅球以及立定跳远。

随着运动会比赛的进行，宋东的表现让老师、同学大跌眼镜，早上的长跑项目，宋东跑了第一名；下午的铅球项目，宋东仍然是第一。第二天再进行短跑及立定跳远，宋东分别拿到了第一和第二名。

这样，宋东在学校举办的这次运动会中，拿到了三个冠军一个亚军的好成绩，顿时轰动了全校，老师及同学纷纷投来赞扬与羡慕的目光。直夸宋东是运动员的好苗子，以后前途无量。回到家中，父母直夸儿子的优秀。为了奖励宋东，带他去饭店吃了一顿大餐。邻居们听到宋东在学校取得如此优异的成绩，夸赞宋东是小区的骄傲。

点题

从老师、邻居、父母的不看好，再到老师、邻居、父母的赞扬，宋东小朋友的人生瞬间发生了很大逆转。系统且客观地分析，宋东既有优点也有缺点，但最终呈现在大家面前的是他的缺点被优点全面覆盖了，也就是说，他给大家的印象是一个非常优秀的孩子。

这便是以优补劣，因为优点过于强大，反而让缺点显得更为渺小，甚至到似乎被全面掩盖的地步。在销售中，对商品来说，也可以如此。当客户对商品劣势产生异议时，销售人员可以放大商品的优势，覆盖劣势，从而解决客户的异议与不满。

开篇导读

任何一件商品都有其优点及缺点，也就是说任何一件商品都不可能满足客户的所有需求。当客户在感叹一件衣服漂亮的时候，这件衣服的价格可能会让客户咋舌；当客户非常喜欢这个包的款式时，很可能又不满意它的质地；当客户喜欢一款车的外观时，可能对其的性能又不太满意，等等。作为销售人员，对于客户这样的异议问题相信我们经常听到。

通常，当客户客观地提出商品的缺点时，有相当一部分销售人员会很自然地进行反驳或者掩饰，这往往会让客户产生反感以及抵触的心理。对这类销售人员来说，他们觉得，客户提出了商品的缺点，即使这些缺点是真实存在的，如果肯定的话会影响客户决定购买，于是他们便很自然的做出了掩饰的行为。

其实，在遇到这种情况时，如果客户提出的异议确实是客观存在的，如商品的缺点，销售员掩饰或者否认是没有用的，**正确的处理方法是客观承认客户所说的异议，然后将话题引到商品的优势上，并不断扩大商品的优点，让优点来掩盖缺点**。当商品的优势放大到一定程度后，客户在客观的权衡之下，缺点也就不再成为缺点了。

如客户抱怨说："你们产品的质量怎么这样不好呢？"首先销售人员不要去回避、躲闪或者是否定客户，销售人员可以十分诚恳地告诉客户："是的，我们这是打折产品，正是因为有这样的小问题，所以价格才这么低。不过对于您来说，一点都不影响使用，价格这么低，可以很大的减少您的开支，对于您说的质量问题，我们公司可以保证您的正常使用。"

通过这样的回答，将客户的注意力引导到产品的优势中，客户购买的欲望必然会被提升。

原理解析

所谓以优补劣法，又叫补偿法，是指面对客户客观型的异议，如产品自身的劣势。销售人员可以从产品的优点出发，弥补客户因产品所存在的缺点而产生的不满心理，维持或提升客户的购买欲望。

案例分析

客户："这款车的外观设计、颜色、底盘的高度我都非常喜欢，尤其颇有动感的外观，给人耳目一新的感觉，只是可惜的是发动机排量大，有点费油了。"

销售人员："果然是喜欢汽车的行家，您对车真有研究。的确，对家用来说这款车的排量是大了点，但是底盘这么高的车，您在出外旅游是再合适不过了，而且排量大动力也强，过沟沟坎坎绝对轻松自如，再说您买车不光是上下班，应该出去玩还是多一点儿吧。"

客户："也是，你说的很对，开这车出去玩确实非常不错，是最好的选择。不过我看你这上面写的技术参数，时速最高才200公里，比起轿车来说差远了呀！"

销售人员："是的，我们这款与轿车比速度确实是差远了，但是我们这款车主要体现的是它的越野性，此外，它还有一个最大的优点就是稳定性与安全性。您如果驾驶在乡村道路上，不可能跑到每小时200公里，每小时100公里可能都到不了。有些轿车虽然最高能跑到每小时300公里，但平时根本用不到，就算在高速上限速也是每小时120公里。再者，车速越高，安全系数、稳定性必然会所有下降，所以，买车就跟交朋友一样，实在才是好的，您说对吧？”

客户：“嗯，你说得很对，确实是这样。行，那就这款车，我们开出去试试，然后办手续。”

案例中销售人员的处理方法就是一种以优补劣法，他用越野性能的优势弥补了排量大这一真实情况。然后又用越野车的稳定性与安全性覆盖了最高时速低的问题。

在案例中，客户明显是一位“懂客”或者说是“行家”，通过与客户的谈话，可以完全看出他对汽车有一定的研究。对这类客户，如果客户所说属实，那么，销售人员就应该承认客户所讲，并且欣然地接受客户的说法。

客户既然提出了产品问题所在，相当于在客户心中有了一个“坑”，销售人员需要想办法填补。这样才能维持客户心目中对产品或服务的分数，即满意度，让其感觉到心理的平衡。

世界上没有十全十美的人，也没有十全十美的产品，这是千古不变的真理。科技的发展，社会的进步，新的商品一直在不断地替换旧商品，如同我们前面所说，没有任何一件商品可以完全满足一个人的需求，如说一个产品本身是完美的，但高昂的价格却又会成为客户心里的顾虑。所以，对每一位客户而言，他永远希望产品的优点越多越好，这其中自然也包括价格，甚至是产品的重量、颜色，等等。

因此，**客户存在异议很正常，异议出现后，销售人员需要采用积极恰当的方法去解决，尤其是对客户的客观型异议，销售人员要做的是放大优势，补足缺陷**。如汽车销售过程中，客户嫌车身过短，销售人员便可以告诉客户：车身是有些短，但是在当代车位如此紧张的年代，好停车，而且转弯方便。只有如此，以优补拙，以良救劣，必能使客户因异议引起的心理不平趋向平衡。

智慧点金

面对客户的客观型异议，要想高效地使用优劣法，有以下两点需要注意：

第一、客户所说的劣势或者缺点是客观存在的，属于事实。

第二、销售人员需要承认问题的所在，不可否认客户的客观型异议。

Part 7　竞争篇

我们的宗旨：狼多肉少，智者饱腹

物竞天择，适者生存；弱肉强食，优胜劣汰，这是恒古不变的自然法则。因此，竞争在这个世界上将永远不会消失。销售工作中，产品与产品之间的竞争、销售人员与销售人员之间的竞争、业绩竞争、服务竞争……处处存在竞争。面对竞争，如何提升销售业绩，这是每个销售人员都必须研究学习的课题。

客有“忠爱”，不焦不躁不中伤

知识链接

赵静喝饮料只喝绿茶，而且只认准一个牌子，一天，朋友给她随便买了一瓶绿茶。

赵静：“我不喝这个牌子的绿茶。”

朋友：“不就是一瓶饮料吗？有什么区别呀！”

赵静：“我不管，我就喜欢那一个牌子的，别的牌子我不感兴趣。”

朋友：“我就没见过你这么固执的人，都已经给你买了，你还挑牌子。”

赵静：“你还说我呢，你买化妆品不是也只认定一个牌子吗？上次和你去商场，人家打那么低的折扣你都不买，跟你比，我这算什么呀。”

朋友：“算了，说不过你，真拿你没办法，再给你买一瓶好了。”

过了几个星期，朋友在路上碰见了赵静，无意中发现，赵静正拿着另一个牌子的绿茶喝呢。

朋友：“太阳从西边出来了，是谁曾经说自己只喝一个品牌的绿茶的，你上次是不是耍我呀？”

赵静：“哪有啊，谁叫我喜欢的明星代言这个牌子的绿茶呢！你又不是不知道，我可是这个明星的超级粉丝哦。”

朋友：“哎！真是单纯的小姑娘啊！”

点题

生活中，几乎每个人的身边都有这样的人存在，穿衣只穿某一牌子；用手机只用某一牌子；电子产品只认某一种品牌……

作为客户，他们对某一品牌显得格外“忠爱”，这是很正常的消费现象。对销售人员来说，如果客户“忠爱”的不是自己的产品，那就是一种损失，而要将这类客户争取过来似乎也有一定的难度，该怎么去做才能“搞定”这类客户，从竞品中争取到这类客户资源呢？

开篇导读

每个人都有自己忠爱的东西。作为客户，自己喜欢什么产品或牌子就买什么产品或牌子，这点无可厚非。而作为销售人员来说，如果客户使用竞争对手的产品，那么就会影响自己的业绩甚至是收入。为此，有一部分销售人员在面对此类客户时，为了赢得该客户，总会下意识地去贬低客户所“忠爱”的产品，提高自己产品的优势，这种做法显然是不妥的，不仅对自己产品的销售不利，而且还会让客户产生更大的戒备心理。

那么，该如何争取到这类客户呢？我们来分析一下让客户“忠爱”某产品的主要原因：

原因一、消费习惯

这类客户也许是在第一次使用的时候就使用了该产品或认定了此品牌，在使用的过程中没有什么不适反应，对自己也没有造成大的损失。所以，即使其他产品更优秀，这类客户也懒得去更换，就延续使用了该产品。

原因二、利益所致

某产品或品牌在某段时间为客户带来了巨大的好处，客户从该产品中得到了巨大的利益，所以，客户心存感恩及心中格外认可该产品。如某农民在使用某农药后增产了50%，该农民必然非常高兴，自然会“忠爱”该产品。再如，某饮料采用“开瓶有奖”的方式进行销售，因为客户买一瓶可以得两瓶或者更多东西，自然也会“忠爱”该产品。

原因三、从众效应

客户自身没有分析及判断某产品的能力，因此，看到别人都在用该产品或品牌，自己也就跟着用了起来。这种现象在当今社会非常普遍。

原因四、追星效应

如前面案例中所说，因为喜欢某明星，那么这个明星代言哪个产品，客户就购买这种产品，就“忠爱”这种产品。

分析这四类客户：

第一类客户所“忠爱”某产品只是因为一个习惯问题，对这类客户，只要销售人员适时让其知道你的产品要比他现在使用的产品更加有优势，性能更加完善，物美价更廉。就会改变其想法，把他争取过来，而无需中伤他所忠爱的产品。

第二类客户所看重的是商品的质量及能够为自己带来的利益，应该从价格、产品质量、售后服务等方面入手，让其看到你的产品效益要比他所用的产品效益大很多，便可赢得客户对你产品的青睐。根本无需中伤他所忠爱的产品。

第三类客户之所以从众，是因为他不知道如何判断产品，或者不完全知道自己的需求，销售人员需要从这两方面入手，让其明白自己的需求及认识到你的产品的优势即可。

第四类客户是因个人性格、爱好、素养等因素让其做出了这样的选择，如果你的产品、品牌都很一般，暂且不论企业的营销，作为销售人员，所要做的是客观地向其陈述产品优势，如质量、效用等，而中伤客户所“忠爱”的产品只会中伤客户。

因此，通过以上的分析，我们可以得出这样一个总结，不管客户属于哪一类型，对客户所“忠爱”的产品，要懂得不急不躁地去面对，因为即使你着急，你极力贬低他所喜欢的产品，也解决不了问题，甚至有时候还会起到相反的效果。

原理解析

客户之所以“忠爱”某产品的原因很多，而不管是什么原因让客户“忠爱”你的产品的竞品，销售人员都需要冷静理智对待，不可否定客户的选择。否则必会引起客户的不满，如同有人说你追随多年的明星的谣言一般，会感到无比反感。

案例分析

这天，妈妈带女儿到电脑城准备为女儿购置一台电脑，走到××品牌的电脑专柜前，妈妈停下脚步准备看看。

这时女儿突然说：“妈妈，我不要这个品牌的电脑，我要像娜娜她们家的那一种，配置特别高，外形也漂亮，我们班好多同学都买那款，咱们去看那一款吧。”

妈妈：“娜娜家的什么牌子啊？多少钱啊？”

女儿：“××牌，7000块就搞定了。”

妈妈：“什么电脑这么贵啊！”

该柜台的销售人员见状，马上说：“阿姨好，您女儿刚才说的那个牌子的电脑的确很好，配置也特别高，只不过就是价格高了一点。你女儿可真有眼光啊。谁都想买一个各方面特别好的电脑，这可以理解，阿姨您别生气啊。其实，现在电脑更新换代的速度很快，最重要的是适合自己，而不是配置多么多么高。买一个适合自己的电脑，既实惠又经济，价格又低，何乐而不为呢？”

妈妈点了点头，这时女儿说：“可是，我们班很多同学用的都是那一个品牌。”

销售人员：“其实，买电脑就跟买衣服一样，适合自己的才是最舒服的，所以呀，要买什么电脑主要在于用来干什么，而不是别人用什么你就用什么，适合别人的并一定适合自己。”

女儿听销售人员说得很有道理，这时妈妈说：“我女儿主要是用电脑查查资料，上上网。”

销售人员：“如果这样的话，就不用买那么好的配置，那样的机器价格高而且不实用。但配置也不能太低了，否则也会影响平时的使用，我给你们推荐一款，您看，这款电脑配置相对来说也不低，这段时间卖得特别好，而且价格也便宜，只需4500块钱。”

妈妈听了销售人员的介绍，觉得还不错，女儿也觉得销售人员说得很有道理，这款电脑既实惠，又满足了自己的需求。最后放弃原先想买的那个品牌，而选购了销售人员推荐的这款电脑。

销售人员在接待这两位客户的过程中，当听到女儿告诉妈妈非要买另一个品牌的电脑时，销售人员并没有极力地向母女俩推荐自己的电脑，而是淡定地听完了母女的对话。

在与客户的交流过程中，销售人员并没有一开始就推荐自己的电脑是如何如何好，或者贬低客户所讨论的品牌。而是客观肯定客户所说的电脑品牌的确非常好，认真分析了该品牌电脑的优劣势。这种客观分析竞品而没有极力推荐自己商品的交流评说，给客户留下了很好的印象，得到了客户的认可。

随后，销售人员通过与客户（女儿）的交流，发现其“忠爱”××品牌是因为其从众心理，于是销售人员通过讲道理的方式，客观地从心理上进行说服。而不是当下很多销售人员经常会采用的贬低竞品的方式，这是该销售人员成功的重点所在。

我们换个角度来说明该销售人员的成功之处，如你是案例中的客户，你刚一说自己喜欢某品牌，对其他品牌不感兴趣时，销售人员不管三七二十一焦急地说某品牌是如何如何不好，该品牌在什么时候出过什么事故，等等，这时你心里作何感受呢？必定会产生一种厌恶感，不仅是对销售人员的厌恶，而且还是对销售人员所销售产品的厌恶。

因此，面对客户所“忠爱”的竞品，销售人员需要淡定，不焦不躁，更不要贬低竞品。客观应对才是王道，才会让你的业绩倍增。

智慧点金

现在的销售工作已不再是靠几句忽悠人的语言、贬低竞品就能成功的，客户不仅变得越来越理智，而且也懂得察言观色。客观分析客户的“忠爱”，表现出自己的真心，不要让客户觉得你与他交流是别有用心，让客户感到你的真诚，客户所“忠爱”的产品也会被你打败。

客要“比对”，不偏不倚巧妙突出优势

知识链接

年轻的妈妈小蕊为两岁的女儿买了一双鞋，为了让女儿高兴起来，一进门妈妈就从包里拿出鞋子说：“宝贝，赶紧过来看看妈妈给你买了什么？”

女儿走到妈妈的身边说：“鞋子！隔壁的小亮也有一双这种颜色的鞋子，可是妈妈，小亮的鞋子有两个很大的耳朵，我的为什么没有呢？”

妈妈见女儿不喜欢的表情，微笑着说：“宝贝的观察力真好，隔壁小亮鞋上面的耳朵虽然漂亮，但是妈妈给你买的这双鞋要比小亮更方便，你想，在学校做游戏小亮的鞋更容易被其他小朋友踩到！”

女儿听妈妈这样说，想了一会儿然后点了点头，把鞋子拿了起来。接着说道：

“妈妈，我们班班长也有一双新鞋，和我的款式一样，可人家的是皮鞋，而你给我买的是布鞋……”

妈妈说：“嗯，你们班长的鞋虽然是皮鞋，也漂亮，但是我给你买的这双布鞋有很多优点呢，比皮鞋柔软，走路更加舒服；能够很好地保护小脚丫的成长，你说这是不是更好呢？”

女儿点了点头，微笑着接受了妈妈的说法。

点题

到底是皮鞋好还是布鞋好？到底是鞋上装饰多了好还是没有装饰好？这个谁也说不清楚，只能说各有所长，各有各的优点。很多时候，当客户选购某件商品的时候通常都会与其他商品进行对比，如同故事中小女儿一样。妈妈如同一位销售人员，职责就是说服女儿接受她的礼物。

开篇导读

回到上面知识链接中，女儿在看到鞋后，首先做的是与同伴的鞋进行对比，这与大多数客户一样，当销售人员向客户介绍某产品的时候，客户首先会将该产品与其竞品放在一起进行对比，其目的是判断各个商品的优势，哪个产品对客户更有利，客户将会选择哪个。这个时候，销售是否能够成交，销售人员的引导起着至关重要的作用。

上面故事中，妈妈的回答很有针对性，在女儿提出的两个对比问题中，妈妈一没有贬低女儿要对比的对象；二通过婉转的语言体现了自己给女儿买的鞋的优势，这是说服女儿接受妈妈礼物的最重要两点。销售人员同样也应如该妈妈一样，懂得并把握应对客户对比的技巧。

同一类产品有无数品牌，每个品牌都有自己的特点，而且每个品牌都在说自己产品的优点，面对如此多的品牌、如此多的优势宣传，客户要买一个更好、更实惠、价更低的产品，首先要做的就是与同类产品之间的对比，然后才会做决定是否购买，这在当今的买卖中很常见。如客户要购买一套橱柜，通常客户会对各个品牌的橱柜进行综合对比分析，在对比的过程中客户有不明白的地方或者在争取最大利益的时候，便会与其他商品进行对比。

要让客户选择我们的产品，销售人员需要在客户的对比过程中，让客户认识到你的产品优势，让你的产品在客户心中排序中处在第一位。

原理解析

客户“比对”的目的是买到最好的产品，拿到最有利于自己的销售条件。而如果销售人员过分地说产品是如何优秀，或者说客户“比对”的对象是如何不好，这都会引起客户的不满甚至是反感。销售人员只有在客观、中立，且有技巧地表述中突出自己产品的优势，便会在客户引起的“竞争”比对中胜出。

案例分析

在××品牌汽车4S店，一位客户正在看几款车型。这时，客户指着某型号的汽车问：“这台车多少钱啊？”

销售顾问：“这台车市场价11.5万元，现在做活动11万元。”

客户：“这么贵啊，××车型你知道吧，和这款车排量一样，才10.5万元，要比你们便宜5000元呢！”

销售顾问：“您说的那款车我了解，确实要比我们的便宜5000元，但您说的那款车的刹车采用的是前鼓后碟，也就是说前面是碟刹，后面是鼓刹。而我们的车采用的是四轮碟刹，安全系数要高很多。就5000元来说，我想安全性应该更重要吧。”

客户点了点头，并没有说话，而是继续看车，时而坐里面，时而趴下看底盘，一副很懂汽车的样子。

几分钟后，客户说：“这款车的配置低了点吧，×品牌×车型价格和这款车差不多，但是人家的仪表台上面带导航，前排座位两个头枕后面还有显示器呢，这车配置也太低了点吧！”

销售顾问：“先生您观察得真仔细，确实是这样的，同样的车价但配置不同。这主要因为是一方面品牌不同，我们这车属于国际知名品牌，已有近百年的历史，在地球上任何一个国家，没有人不知道这汽车。另一方面，不管从技术、质量、做工还是后期服务工作上都要高于国产品牌。我想您一定不希望买一个高配置的车型而三天两头跑修理店吧！”

客户听销售人员说的很有道理，又看了一会儿后坚决地说：“就这台车了，咱去办手续吧……”

分析该案例，这样的情景在销售工作中我们经常会遇到，诸如“你们的价格比人家的高”“你们的质量没有人家好”“你们的功能没有人家全”等都经常出自客户口中。面对客户的比对，不同的回答会造成不同的结果。

分析案例中客户的第一个比对问题“与其他产品相比价格高”。这是最为常见的一种比对，销售顾问采用从安全系数的角度向客户进行解答，这是非常明智的做法，因为对汽车或者其他商品来说，最重要的莫过于安全性，所以从这个角度出是在竞争中取胜的很好思路（不过在采用此方法时，你的产品在安全系数上确实要高于客户所比对的竞品）。

客户比对的第二个问题是“汽车配置低于同类型的汽车”。如同两台都是5000元的电视机，前者有3D效果，后者没有，而要让客户心甘情愿购买后者，这必然有一定的难度。而案例中销售顾问从品牌知名度、产品技术成熟度、质量、后期服务完善度等方面对客户的比对问题进行解答。而且这些优势很好的覆盖了产品配置低的缺点。

当然，客户的“比对”不仅仅是这两个方面，因为不同的商品、客户不同的需求“比对点”也会有所不同，因此，要很好地解决客户的“比对”问题，我们可以先对客户的“比对”问题进行一个简单的分类，然后通过这些分类，确定解答方向，进行有针对性的回答。

第一、比对产品价格

客户的这种比对最为常见，如“怎么比北京还要贵3000元呢？”“比×商品要贵1000元呀”等。对客户的这类比对问题，销售人员可以从产品的质量入手来说明价格差异的原因。其次可以从地域、运费等角度加以说明。

第二、比对产品外观

“长的怎么这么丑啊，一点儿也没有×好看”“与×相比，外观差了一点”等，对这类比对，既然客户不喜欢外观，首先销售人员先客观说明产品这样设计的理由以及优点。其次，从产品的其他优势入手，突出产品的优势来淡化客户心中对外观的不满。

第三、比对产品功能

经常会有客户说“你们的产品没有×产品操作方便啊”“与×产品相比少了很多功能呀”等。当下，客观讲并不是功能越多的产品就越好，也不是功能越少的产品就越优秀。对这类客户的比对，销售人员首先需要阐述自己产品的实用性、操作性或者便捷性，让客户感受到产品是适合自己的。其次，从产品的功能上客观地阐述“功能的多少与产品的优秀无关”的观点。

第四、比对产品质量

质量是产品的根基，如果一个产品的质量存在根本问题，必然会被客户拒绝。所以，要解决此类客户对产品质量的比对问题，一个最基本条件是销售人员所销售的产品质量没有根本问题，符合国家规定。客户比对的原因是相对于其他高质量的优秀产品来说，质量稍次，但符合行业规范，不影响使用。

对于这类客户的比对，可以这样做：

第一步、从价格入手

产品质量没有知名、优秀品牌的质量高，但是价格肯定要便宜很多，这对某些客户来说具有一定的诱惑力。

第二步、可以把客户的需求及需要解决的问题与产品质量联系在一起

如有些客户需要在短时间内解决问题，产品质量的高低并不影响其解决问题的结果。对于这类客户，他当然需要质量低价格便宜的产品。

以上四类是在销售过程中客户提出的最普遍的产品比对类型，也许，客户还会从其他方面把产品与竞品进行比对。但是，不管客户从那个方面进行比对出于什么目的进行比对，销售人员需要把握的原则是：客观对待、不偏不倚。在巧妙突出自己产品优势的同时，不可过分贬低对手产品，也不可过分褒奖自己所销售的产品。

智慧点金

客户对产品的比对不可避免，处理中销售人员首先要对客户比对的目的有一个分析；其次根据客户比对的方向确定解决角度。此外，很多时候客户比对的都是竞品，俗话说："知己知彼，百战百胜。"平时加强对竞品的了解有助于解决客户的比对问题。

客要“多得”，大方接受并温馨提示

知识链接

场景1

周蕾是一家公司的行政人员，这天老板吩咐她去茶城买一套茶具，并选购一些茶叶，以备招待客户。下午，周蕾来到了茶城，随便走进了一家茶叶店。

周蕾选定了一种中上档次的茶叶，然后经过与老板一番讨价还价之后，确定了价格，茶叶算是搞定了。

老板称完茶叶之后问道：“茶具需要不需要啊？要的话给你打个折，便宜点。”

周蕾：“你不说我还真忘了，领导吩咐要买一套茶具呢！”

周蕾围着所有的茶具看了一会儿说：“怎么这么难看呀！我还是去别的地方看看吧。”

老板……

场景2

王倩在服装店买了一件衣服，对着服装店的镜子左看右看，感觉还不错，但总觉得似乎还不是很完美。

老板：“这件衣服穿着真合身，简直就是为你量身打造的，如果能再配一顶合适的帽子就更好了。”

王倩："你说得对，我说怎么老觉得缺点东西呢。"随后王倩在老板的指引下在服装店选起了帽子。

王倩："嗯，还不错，比刚才好多了，但还是差一点效果，算了，我去别的店看看有没有合适的帽子。"

老板……

点题

客户在购买主产品的时候，很多都有购买副产品的需求，有些是客户原本计划好的，如场景1；而有些需要销售人员去挖掘，如场景2。无论属于哪一种情况，客户在购买主产品之后，如果在购买副产品的过程中选择我们的竞品，我们称之为客要"多得"。对于客要"多得"现象，销售人员该如何对待呢？是应该极力阻止还是大方接受呢？

开篇导读

每一位销售人员都希望在自己产品充足的情况下，客户能够从他这里买下其需要的所有产品，这样不仅可以提升自己产品的竞争力，而且还可以得到更多效益。但任何事情都不是我们想象得那么美好。对有些客户购买有些产品时，他可能会在你这里买下主产品，而在其他店购买副产品，或者将一个产品分成多份在不同的竞争店购买，这样对销售人员、厂家来说势必是一种损失。

面对这种情况，大多数销售人员都会极力阻止，使用各种方法让客户全部购买自己的产品，甚至有的客户还会用贬低对方产品的方式阻止客户的这种做法。实际上，当客户决定"多得"之后，销售人员极力阻止、拉拢客户的方法是不对的，这样往往不仅起不到应有的效果，而且还会影响客户之前的购买行为。究其原因，有以下几点：

第一、随着销售的高端化以及销售人员与客户之间关系的复杂化，客户在购买产品的过程中大多都会有一种防备的心理

当客户购买了主产品，准备去外边购买附属产品时，销售人员的阻止、拉拢会让客户产生反感心理。从心理学的角度分析，销售人员的这种做法否定了会重新引起客户的防备心理，不但很难达到销售人员的目的，而且还会影响客户之前的购买以及后期的后续购买。

第二、客户既然选择了“多得”，销售人员过分阻止、拉拢会给客户一种错觉，让客户觉得你的产品没有外边产品好，更坚定了客户“多得”的决心

在这个过程中，如果销售人员处理不当，同样会影响客户之前的销售，以及后期的后续销售。

那么，对于客户的“多得”，销售人员是不是就不管不问呢？当然不是，如果是这样，客户因为没有受到重视，同样会流失。如果客户到了竞争对手那里，他们比我们做的还要好，那么我们就会失去这位客户，输给竞争对手。

综上所述，销售人员面对客户的“多得”，要做到大方的接受，并且给予温馨的提示。例如，“好的，您去那边看看吧，不过您在挑选的时候一定注意……”“可以，那边可能有更适合您的产品，不过我建议您在选一种……”等，这样的说法时刻带着一种关心与重视客户的“味道”，不仅会保持客户购买主产品之后的信任，而且还会更进一步拉近与客户的距离，提升客户对销售人员的信任感。即使客户到了竞争对手那里，他们也很难争取到此客户。

原理解析

有个成语叫“欲擒故纵”，意思是说你要想擒住对方不如先放了对方。如同客户要“多得”，要想让客户成为我们忠实的客户，以后长期购买我们的主产品以及附属产品，大方接受客户的要求，并给予诚恳的提示，更能赢得客户的心。

案例分析

冯晨从小喜欢摄影，工作后这几年因为时间和经济都比较宽裕，越来越入迷。所以，他准备购买一台单反相机。

来到数码城，通过自己的判断以及同事的参谋，他最后选定了一台相机，并与销售人员进行了一番沟通后购买了该相机。相机买了之后，他想："既然爱好，那咱就应该弄专业一点，专业相机都买了，三脚架、遮光镜、闪光灯之类的当然也要买啦！"

冯晨对销售人员说："你们这儿有三脚架、遮光镜、闪光灯这些东西吧，给我看一下，我在这里一次买了算了。"

销售人员随后拿出了这些东西，冯晨和同事们挑选着看了起来，一会儿后，同事将冯晨拉到一边说这些器材的质量一般，建议他到别的店里再看看。冯晨想："刚才自己说的要在这里购买这些东西，如果走了是不是不好呢？但是买一个自己不喜欢的东西也不行啊？"

于是冯晨对销售人员说："这样，这些三脚架、遮光镜、闪光灯的东西我先去别的地方看看，如果没有合适的我再来您这里看看吧。"

销售人员微笑着说："好的，没有问题，您在外边购买这些配件的时候一定要注意与该相机型号的匹配，有什么问题您可以随时给我打电话。"

冯晨听了销售人员的话之后，非常感动，没想到不买他的产品了，而这个销售人员却给了他这么多提示与建议。之后，在同事的参谋与销售人员的建议下，冯晨在别的店买到了质量不错、适合该相机的脚架、遮光镜、闪光灯等附属品。

因为冯晨对该销售人员的高度信任，在后来的很长一段时间里，冯晨相机里面的很多损耗品都是从该销售人员处买的，而且为该销售人员介绍了很多客户，成为了该销售人员的忠实"粉丝"。

换位思考，如果你是该客户，买了主产品，告诉销售人员要买一些副产品后，但最后因为某些原因不能购买了，心中多少会有一点愧疚感。在这种情况下，销售人员不但慷慨大方地接受了，并且还告诉你一些注意细节，作为你（客户）来说，心中自然会有一些感动，如同案例中的冯晨一般。

换一种思路分析该案例，如果销售人员在冯晨提出"多得"后，依然固执强势地推荐自己的副产品，那么就会让冯晨更加认为且深信同事的建议是对的，产品质量一定不好。不但降低了冯晨对销售人员的信任度，而且以后他也不会购买该销售人员推荐的任何产品，更不会介绍其他朋友给该销售人员。

在这个案例中，销售人员的做法是非常明智且正确的，面对客户的“多得”，销售人员做到了不急不躁、大方接受并温馨提示。此外，销售人员面对客户的这种需求，需要注意以下几点：

注意一、客户在购买主产品后，没有意识到自己对副产品的需求

这时销售人员要进行技巧性的引导，让客户意识到对副产品的需求。如客户主动提出副产品的需求，且看下一条。

注意二、销售人员的副产品的确不适合客户

销售人员需要做的只是认真仔细介绍，然后让客户自己考虑。适当的时候还可以建议客户去“多得”。

注意三、销售人员的副产品适合客户的需求

这时销售人员更不可急功近利推荐，客观地介绍副产品的优势及与主产品的匹配度，让客户决定是否需要“多得”。

注意四、客户提出“多得”之后，销售人员需大方接受

接受后并告知客户如果其他地方的产品不合适依旧可以过来再看看，还可向其提示选择该副产品的要点。不要对客户说一些威胁性的语言，如“你这次不买，下次过来我绝对不卖给你”“你下次过来绝对不是这个价”等。

智慧点金

销售人员的职责就是销售产品，但有时我们还要看具体情况，长远打算。在客户提出“多得”时，把握好客户的心态，以拉近与客户的距离、建立长期合作关系为目的。在接受客户“多得”时，还应该显示出足够的诚意，让客户感受到你的真诚。

客要“斟酌”，不可任其所愿被插足

知识链接

李顺最近准备买一部车，但是自己又不是很懂车，于是这天打电话问已经开车四年之久的朋友老张。

老张：“你买车准备干啥用啊？”

李顺：“也就是平时上班用用，也没啥别的用途。”

老张：“那就买A品牌车吧，这车不错，省油，后期的保养费用也低，适合居家使用。”

李顺：“嗯，行，最近有点忙，一个月之后我就去买这车。”

一个月后，老张想李顺肯定已经买车了，于是打电话准备约李顺一起出去玩。

老张：“顺子啊，车买了吧，明天周末开车出去玩吧？”

李顺：“我车还没买呢？”

老张：“怎么还没买呢？”

李顺：“本来是想去买的，可是听朋友说B品牌车不错，比较适合出去玩，所以我想再看看，下个月再看吧。”

一个月后，老张想李顺肯定买了B车，这个车空间比较大，越野型，正好这周末老家的人都过来了，就借李顺的车载家人出去玩玩吧，于是他给李顺打去电话。

老张：“顺子啊，明天我老家的人过来，我们把车换着开开呗，你的车大，我的车空间小，坐不下那么多人。”

李顺：“我没有买B车啊，本来想去买的，但是后来一斟酌，耗油量太大，所以我买了C车啊！”

老张……

点题

类似李顺这样的客户在销售工作中颇为常见，本来是想要买A产品，但经过一段时间的多次斟酌之后，最后买了C产品或D产品。李顺的斟酌是正常的，而A车销售人员和B车销售人员是失败的，在客户首先选择他们产品的时候，他们任客户斟酌，最后输给了竞争对手C。面对客户的斟酌，销售人员不能任客户犹豫不决，必要的时候要想办法帮客户做出决定。

开篇导读

每个人都想买到适合自己、物美价廉的商品，每个人也有特有的性格及购买心态，因此，在客户选购商品的时候，会出现很多种情况，而客户的犹豫、斟酌便是其中一种。

客户出现这种情况，某种程度上是因为客户性格的问题。

有的客户性格比较外向，做事大大咧咧，容易受到客观因素的影响，易冲动，这类人通常在选购商品的时候比较“爽快”，会在很短的时间内做出决定，觉得合适会马上购买，觉得不合适会立即走开，犹豫、斟酌的时候较少。

而有的客户性格内向，处事细腻，但做事犹犹豫豫、瞻前顾后，在购买某商品的时候，总是担心上当受骗，或者担心买不到最好的东西，因此会斟酌、犹豫很长一段时间。易受外界因素的影响，如参谋者的意见，客户在选购商品的时候，参谋者的一句“不太好”“不太合适”足可以让某些客户徘回、斟酌良久。

在客户“斟酌”的过程中，就会出现一些让销售人员意想不到的事情，如第一天客户对产品感觉挺好，回去“斟酌”了一晚之后看上了其他同类产品，于是减弱了购买该产品意向度，甚至最后销售失败。这就是为什么很多销售人员在接待客户的过程中，如果客户比较喜欢某商品，但由于某种原因当天不能购买，销售人员都会让客户交一部分定金或者签订一个协议，以确保因为客户回去后“斟酌”而花落他家，或者被竞争对手“插足”。

原理解析

客户要斟酌必然会延长销售时间，延长时间会给客户选择商品的方向带来很多可能性，也会给竞争对手争抢的机会。因此，客户“斟酌”的这段时间是销售是否成功的黄金时间，销售人员只有把握、利用好这段时间，才会处于竞争之首。

案例分析

一对夫妻刚买了一套房子，近期准备装修，需要选购一些壁纸，他们去一家壁纸专卖店好几次都没能选定，这天，他们又来到了这家店。

销售人员：“看您在市场中转了好几次了，怎么还没有做决定啊？”

男士：“是啊，转了好几家了，始终没有自己喜欢的，这不时间越来越紧了，今天一定要确定下来。”

销售人员：“装修房子是一件大事，壁纸体现着一个房子主题风格，多转转选择一款合适的也是应该的。”

女士：“你说的也是，但是看得越多越不知道选择哪一款。”

销售人员：“的确是，看多了确实难以选择，很多客户都会有这样的感受。这样，我们这里正好来了几款新品，我给你们介绍一下吧。”

随后，销售人员为这对夫妇介绍了几款新品，然后把以前这对夫妇比较喜欢的壁纸重新介绍了一遍。

销售人员："其实选壁纸一个是质量，还有一个就是风格，这两点选对了，壁纸也就选对了。我们店的壁纸都是韩国进口，质量方面您大可放心。至于风格，我们店也是最全的，肯定有适合您的。"

男士："其实我们就想多对比几家，选择一款这两方面都不错的。"

销售人员："这样，我帮你们参谋一下吧，不知道您家的装修风格是现代感强还是仿古强一点呢？"

女士："现代风格的。"

销售人员："您上次看的这种亮花纹就非常适合，您喜欢宽条纹还是窄条纹呢？"

女士："嗯，我觉得宽条纹挺好，看着简约大方。"

销售人员："您真有眼光，这个款式是目前卖得最好的，您的房子是多大面积的？我给您算下大概需要几卷。"

女士："130平方米。"

销售人员："有3卷就够了。真巧，这款壁纸最近卖的很火，只剩下4卷了，您要是觉得合适的话刚好够您家的。"

女士看了男士，男士说："嗯，我看着这款也不错，那就这款吧！"

随后，两人果断结了账。

从心理学的角度对这对夫妇进行分析，装修房子对一般家庭来说是一件很重要的事情，他们心中的目标是在自己力所能及的情况下，一定要将房子装修到最好。所以，他们在选购装修材料壁纸的时候必然会再三斟酌，从而拉长销售时间，让成交变得不确定。

类似案例中的这种情况很多销售人员经常会遇到，如何处理，至关重要，分析该销售人员的做法：

首先，销售人员采用"引导法"拉近了与客户之间的距离，初步赢得客户的信任。

其次，销售人员通过“问答法”缩小了客户选择的范围，如“您喜欢宽条纹还是窄条纹”、“您房子多大？我看需要几卷。”这样，如同给客户做了决定，在客户自愿的情况下推动了销售进程。

最后，销售人员采用“紧逼法”促进了客户快速做出决定，如“真巧，我们这里就剩下4卷了”意为告诉客户：“如果您今天不定，以后可就没有了。”因为前几步与客户的沟通让客户感受到了这款壁纸是适合自己的，客户也担心失去自己较为认可的产品。因此，这种方法通常会让客户快速地做出决定。

通过以上三步，由于客要“斟酌”而存在的客户流失问题便得到了很好的解决。其实，当客户要斟酌的时候，通常是两款或多款产品综合相比相差不多，如果彼此产品相差较大，客户也不存在需要斟酌的现象。

因此，这些产品通常处于同一个市场竞争地位，它让客户不知所措，觉得哪一款都适合自己，而确定选择哪一款便成了问题。对销售人员来说，客户所“斟酌”的产品都是与自己的产品不相上下的竞品，客户随时都有流失的可能。这时，谁能够抓住客户，谁能够把产品销售给客户，往往不在于产品本身的因素如何，而在销售人员的“手段”及操作方法。

案例中销售人员所采用的“引导法”、“问答法”、“紧逼法”是针对这类客户最常用的方法：

采用“引导法”的目的在于拉近与客户之间的距离，提升客户对销售人员的信任度。

采用“问答法”的目的在于缩小客户选择范围，促进销售进程。

采用“紧逼法”的目的在于督促客户快速做出购买决定，达到成交。

此外，有的客户其实在心中已经做出了购买决定，习惯性地要斟酌，这时销售人员不要过分督促其做出付款决定。因为这会让客户觉得销售人员另有所图。这时，销售人员可以转移客户斟酌的注意力，如为客户介绍、挑选产品的颜色、规格，引导客户一起幻想拥有产品的美好情景等，以此加深客户购买产品的欲望度。

智慧点金

客户“斟酌”就是一种购买的信号，销售人员此时的心态很重要，不要害怕客户因为斟酌会走掉，销售人员要对自己的产品充满信心，坚信自己的产品是最合适客户的。在采用某些策略的过程中要善于观察，把握尺度。

客有“成见”，暂弃竞争统一立场

知识链接

王凡今年刚刚大学毕业，和很多大学生一样，涌入了找工作的大军当中。王凡做了一份非常精美的简历，在网上、人才市场大量投递，可是效果很不理想，虽说有一些公司打电话让王凡去面试，可都是一些小公司，而且公司的发展方向也与王凡的想法大不一样，就这样，王凡在找工作的大军中被剩了。

天无绝人之路。王凡的同学进入了一家在国内以及业界较为有名的集团公司，这家公司也是王凡一直所向往的，可是一直无缘到这家公司面试。这天，同学告诉他公司在招聘，而且这位同学和面试官很熟，让王凡直接来公司面试。

听到同学带来的这个消息后，王凡当然非常兴奋。第二天他精心进行了准备，笔挺的西装，锃光瓦亮的皮鞋，带着激动、美好的心情直奔同学所在的公司。

同学带他来到负责招聘的经理处，彼此寒暄了几句后，王凡做了一个自我介绍，包括自己的专业特长、个人发展规划等。

经理随后说道：“你的个人情况还不错，你是哪里人啊？”

王凡听经理这么说，高兴地说：“我是××地方的人。”

经理一听王凡是××地方的人，紧锁了一下眉头，说道：“您是朋友介绍过来的，有句话不知道该说不该说，前段时间我招聘了好几个都是你们那个地方的人，不知道是什么原因，工作做得都不怎么好，而且态度有很大问题，最后都不辞而别了。”

王凡这时有点急了，忙说：“您说的那只是个别，他们做得不好，但我一定会做好的，而且人合适不合适不一定要从地域上看，您说对吧，我们那个地方的人一定不会比别的地方的人差的。”

经理想了一会儿说：“这样，我个人觉得你还是挺不错的，你回去等通知吧。”

就这样，王凡的面试结束回去后却迟迟等不到录用通知。

点题

在生活中，不乏有一些人对某些事物抱有成见，甚至可以说是偏见，如案例中面试经理对地域的成见，这种成见不是一天两天形成的，而是经过某些消极因素高频率出现而导致的。如案例中同一地域的众多员工对工作的消极态度，给经理留下了这一地域的大多数人都是这种消极态度的印象，从而形成一种成见。

销售工作中也有很多这样的客户，如客户在第一次用某一品牌产品时因为偶发原因产生了问题，客户便觉得这种品牌的产品不是好产品，其实该产品一直在完善、成长中，而且越来越成熟，并不是客户所想象的那样。对这类客户，销售人员该像王凡一样与经理据理力争呢？还是放弃呢？

开篇导读

回到上面的知识链接中，王凡的做法显然是不妥的，虽然他据理力争的目的是想说服经理，可是这样只会让经理产生排斥甚至是怀疑的心理，因此，王凡是否会接到该经理的通知是一个未知数。

在销售中，类似这样的客户也比较常见，经常听到有客户说“手机功能确实挺强大，可毕竟是山寨手机”“这个牌子的汽车质量很差啊，小毛病特别多”，等等；同样，**销售人员面对这样对产品有成见的客户，不应该与客户据理力争，不要认为你争赢了，客户就会买你的产品，这种想法是错误的。**当

然，更不应该放弃，放弃就等于失去客户，销售便是失败。正确的做法便是暂弃竞争，与客户统一立场。

首先我们来分析客户产生这种心理的原因，然后探讨解决这种问题的方法。客户之所有会有这样的心理，大多是产品给了客户先入为主的坏印象，如曾经在购买此产品时有过不愉快的经历、听朋友或家人说过这类产品的劣势等。

随着信息传递的发达，这种情况会越来越多，每个人都会有这样的心理。如我们在微博上看到网友说某商品有问题，那么我们可能就会觉得这个商品不太好，随着该微博的疯狂转载，尽管这样的事情没有发生在自己身上，但我们可能会更加坚信该商品是有问题的，客户对某产品的成见由此便诞生了。

这类客户对任何一个销售人员来说都是一个头疼问题，因为要让客户接受产品，要解决客户心中的成见，这对销售的进度无疑多加了一层屏障。但是，任何问题都有解决的方法，下面我们探讨如何暂弃竞争，统一立场。

还是回到本文开头的知识链接当中，如果王凡面对招聘经理的成见不去据理力争，而是问清经理产生这种看法的原因，不与经理争辩，与经理站在同一立场上，然后心平气和地与经理探讨自己以及经理的看法，那么，这场面试的时间就有可能被延长，王凡也会被经理更多了解，也不至于回去等待遥遥无期的通知。这便是暂弃竞争，统一立场，先消除客户成见，后让客户接受产品。

原理解析

客户对产品的成见通常是一种感性行为，与客户争辩或放弃都会让这种行为延续。而与客户站在同一立场上，客观地探讨自己的产品与客户的成见，会让客户的这种感性成见趋向于理性，从而推动最后成交。

案例分析

刘先生在郑州工作多年，今年终于在三环边上买了一套房子，脱离了漂泊的生活。虽然有了房子，但接下来就是装修，为此刘先生做了不少工作，询问曾经装修的同事、朋友，在网上搜集资料，学习装修经验等。

这天，刘先生一来到自己的小区，便有一群业务人员围了上来，为王先生介绍装修材料，有推销马桶的，有推销门的，还有推销厨具的。小王便是其中一位，他推销的是木地板。等其他业务人员说完之后，小王走到了刘先生身边，说道："刘先生好，我是××木地板厂的销售人员，不知道咱家里有没有装木地板的需求？"

刘先生一听是推销木地板的，立即说道："木地板啊！还是算了吧，如果是其他地板还可以考虑。"

小王微笑着说："看来您对木地板很不满意呀！不知道刘先生对木地板有什么样的看法呢？"

刘先生微笑着说："也不是不满意，以前打算要买木地板的，只是询问了一个朋友说他家装的就是木地板，去年有一次水管坏了，地板遇水之后都起拱变形了，最后不得不更换瓷砖，所以我觉得木地板很不方便。"

小王："您的担心确实是非常有必要的，一旦地板变形，钱倒是小事，主要会给家里带来很多不便。不过您说的这种情况在以前会有发生，但近几年由于改进技术，我们公司的木地板采用微晶石与高分子树脂合成，经高温挤出成型，环保耐磨，从根本上解决了传统木地板怕水，易变形的缺陷，所以，您大可以放心选用。"

刘先生："是吗？如果能够解决木地板怕水的缺陷确实还不错，那还可以考虑，但还是有点担心，万一出现问题咋办呢？"

小王："这个您也不用担心，我们的产品是经过国家相关机构测试认证的，即使出现您担心的问题，我们公司会以5倍的价格赔偿您。"

刘先生："你这么一说，我倒对木地板有点兴趣了，要不这样，明天还是这个时间，你在这儿等我，到时候我们具体交流，我今天还有点事。"

小王："行，没问题，您留个电话给我，我到了给您打电话。"

刘先生："好。"

在销售人员第一次与刘先生接触的时候，显然刘先生对木地板抱有很大的成见，从心底里认为木地板遇到水就会变形，因此非常不适用。有些销售人员遇到这种情况后通常会说：“不会的，木地板要比瓷砖好很多，更加有档次”“现在很多人都在用木地板，它的优点有……”等类似要压倒竞争对手其他地板的语言。这样的说法最后成交的几率往往会很小，因为客户不会听你把话说完就会离开。

案例中小王的做法是很明智的，在客户表示出对木地板的成见后，首先小王微笑面对，问清原因，然后一句：“您的担心确实是非常有必要的，一旦地板变形，钱倒是小事，主要会给家里带来很多不便。”与客户统一了立场，这样无形中拉近了与客户之间的距离。

接着他以专业认真的态度客观地与客户交流了产品。这个环节态度非常重要，如果销售人员缺乏认真的态度，或者不是客观地探讨产品，很容易引起客户的不满。

最后，销售人员小王用承诺打消了客户的担心，既然是客户的“成见”，那么客户对产品必然会带有某些偏见，这时销售人员完全可以根据公司的规定向客户承诺。这样，客户的成见便被清除了，同时也激发了客户购买的欲望。

为此，对这类客户我们可分为以下几步进行处理：

第一步、不要反对客户的成见，不要据理力争，更不要放弃

以巧妙的语言搭起与客户的沟通桥梁。如销售人员可以说“不会吧，怎么会有这种情况啊”“你说的这种情况确实有，是您以前遇到过这种情况吗”等。

第二步、用诚恳、认真的态度与客户沟通

如果客户本身就对产品有成见，销售人员做不到消除客户成见，客户必然会离去。而且在沟通的过程中挖掘客户产生成见的原因。

第三步、用最有力的证据说明客户所担心的问题

需要注意的是，在说明的过程中不可与客户的成见争锋相对。如客户说：“你们的汽车小毛病很多。”销售人员不可说：“哪有，我们的汽车小毛病不多啊。”在这个客户就是上帝的年代，这种说法必将会引起客户的不满。客观的论述或者举例，转变客户的感性思维，让客户明白其中的原因即可。

第四步、在客户成见有所缓和后，着重阐述产品优势

让客户感受到我们的产品是适合客户自己的。

智慧点金

当客户对产品存在成见的时候，销售人员首先不要把销售重心放在与竞品的对比上，不要据理力争，而是要理解客户的成见，站在客户的角度分析客户产生成见的原因，用柔性的方式抹平客户的成见。

客有“长需”，常沟通以日久生情

知识链接

李倩和张岚是多年的好友，这天李倩买了一款新的化妆品，用着还不错，想要推荐给张岚。于是就问她：“这么多年了，我看你怎么老是用这一个牌子的化妆品啊？”

张岚：“习惯了，感觉这个牌子很适合自己。”

李倩：“我给你推荐一款吧，是我最近刚买的，效果挺好的，而且是大牌子哦。”

张岚：“算了吧，我还是用这种吧，怕换了还有点不适应。”

李倩：“真是老顽固，干嘛非钟情于这一个牌子呢！”

张岚：“也不是钟情不钟情，用的时间长了，对这种牌子有感情了，而且东西也不错，没必要换别的牌子！再说，代理这个牌子的销售人员小王人非常好，还免费帮我办了一张会员卡，每隔一段时间她都会给我把东西送过来，价格也便宜，多好啊！”

李倩：“我说你怎么对这个牌子这么情有独钟！”

张岚：“呵呵，东西不错，小王人也不错，现在我们都成了无话不谈的朋友，换别的牌子干嘛呢，你说对吧？”

李倩：“嗯，有道理，看来我是说不动你了！”

点题

化妆品是大多数女性每天都会使用的产品，张岚钟情于××牌子化妆品有两个原因。一是化妆品质量本没有问题；二是与销售人员有着良好的互动关系。久而久之张岚对该品牌及销售人员都产生了一定的感情，因此成为了销售人员小王的忠实客户。

客户常用的商品，竞争对手必然很多，如果能将这类客户长期的“据为己有”，对销售人员来说将是一笔不菲的收入和业绩，但是在竞品满天飞的今天，客户选择竞品的几率也非常大，如何让客户成为自己长久的客户，避免客户选择其他竞品，在与同类商品竞争中处于领先地位，将是我们这节所要解决的问题。

开篇导读

有些商品是客户常用并且离不开的，如工厂用于生产的原料，个人日常用的生活用品，经销商每个月必须要进的货，等等。换位思考，如果我们是客户，要长久地向某一位销售人员购买某一商品，是什么动力支撑着我们这样去做呢？无非也是出于前面提到的两个原因，**一是对该品牌商品质量满意以及售后服务满意；二是对销售该品牌的销售人员印象深刻，服务满意**。

商品质量是某商品能够长久发展并存活于市场上的根本，没有一家生产企业不会把商品质量放在第一位。所以我们看到，近几年来有关商品质量的问题越来越少，即使出现问题，通常售后也会给予客户满意的解决。所以，对一些客户经常需要的商品，要让客户成为销售人员的老客户，在销售竞争中立于不败之地，销售人员需要做的是为客户提供良好的销售服务，与客户在情感上建立一定的关系。

有些销售人员可能认为，有些“长需”客户经常购买某种产品是冲着著名品牌去的，与销售人员是否与客户经常沟通联系没有多大关系。其实不然，确实有这么一类客户是冲着名牌去的，但是如果销售该产品的销售人员对这类客户服务冷漠，不放在心上，一种爱买不买的态度，那么客户同样也会放弃，换别的牌子。

我们来进一步分析与长需客户保持经常沟通的重要性：

第一、与客户经常保持联系沟通会让客户感觉自己受到了重视。提升客户拥有此产品的优越性，增强客户对该产品的信任度。

第二、销售人员可以给客户留下更深的印象。让客户更容易记住销售人员及其所销售的产品，在客户或者身边朋友需要此产品的时候，客户首先想到的可能是该销售人员。

第三、经常沟通能够让销售人员与客户建立一定的感情基础，甚至超越买卖关系，上升到友谊关系。即使产品出现某些问题，因为销售人员与客户之间的感情关系，一方面客户也不会过分的担心；另一方面只要问题能够得到很好解决，客户也不会轻易更换采购点。在很大程度上能够保证客户成为销售人员的“常驻客户”。

第四、维护一个客户要比开发一个客户容易得多。在稳定提升销售业绩的同时，还能够节约成本，这对销售人员来说是非常超值的事情。正因为如此，经常会看到一些销售人员经常往老客户那里跑，与新客户见得却很少，但是他的业绩却一直在稳定攀升中。

以上几点充分说明了销售人员与客户经常沟通的重要性，尤其是彼此之间感情的建立，能够大大提高客户的稳定性。

原理解析

对客户需要经常购买的商品，在商品质量有保证的前提下，通常都会选择比较熟悉的且有一定感情联系的销售人员，因为这样可以降低自己的购买风险，即使商品出现问题也更容易解决。而只有销售人员与这类客户经常沟通建立一定的情感基础，客户才会选择该销售人员。

案例分析

许筠是一家电脑公司优秀的销售人员，即使在市场不景气的时候，他也能做出不错的销售业绩。我们来看一下他是如何做到的。

这天，有两位客户来买电脑，在聊天中得知该客户是××网吧连锁店的采购员，因为新开的分店，需要新购一批电脑。经过友好协商，客户选购了50台电脑，在客户离开的时候许筠特意记下了该客户的电话，并让客户也把自己的电话存在了手机中，方便有问题随时联系。

许筠想："既然是连锁网吧的客户，除了平时采购更换电脑外，日常的耳机、鼠标、键盘以及主机配件都是易耗品，平时经常会需要，一定要与客户建立好关系。"

客户把电脑装车走后三个小时后，许筠估计客户已经到目的地了，于是给客户打了第一个电话。

许筠："先生您好，我是刚刚卖给您电脑××电脑公司的销售人员许筠，您安全到地方了吧？路上一切还好吧？"

客户有点意外，但高兴地说："已经到店了，现在就开始卸车装机了，谢谢你的关心啊……"

第四天后，许筠估计客户的电脑已近安装好，应该正在调试运行中，他给客户打了第二个电话。

许筠："先生您好，我是许筠，电脑安装好了吧，没有遇到什么问题吧？"

客户："嗯，已经安装好了，现在正在运行中，有什么事情我会给你打电话的，真是难为你了，对我们这么关心。"

许筠："呵呵，这是我应该做的，只要能够正常运转就好，那我不打扰您了，有事给我打电话，我电话24小时开机的。"

此后，每到节假日的时候许筠都会给客户发祝福短信，每次到电脑保养期的时候，都会提前给客户打电话提醒。有一次，许筠专门带着售后人员为客户的电脑进行免费保养维护。经过这一段时间的沟通与交流，许筠与客户成了很好的朋友，有一次客户还专门打电话给许筠请他来喝自己女儿的满月酒。

同时，许筠从该客户这里拿到的业务也越来越多，几乎该网吧连锁店的所有键盘、鼠标、耳机、摄像头等配件都是从许筠这里进货。

许筠的销售业绩也随之不断攀升，成为了公司的销售明星。

在销售行业，有很多这样的销售人员，在把产品卖给客户之后，就觉得大功告成，或者可能最多第二天打一个回访电话，然后就置之不理，开发新的客户。我们看到，这类销售人员平时工作很努力，做得很辛苦，但业绩平平，究其原因，是他没有“长需”客户。

案例中，通过第一次的成交沟通，许筠很快判断出该客户是一位“长需”客户，因为网吧对电脑以及配件的损耗相对来说还是比较大，而这些损耗品许筠的公司都能够提供并满足。

首先，许筠通过成交后4天内的两个电话，给客户留下了一个美好的印象，而且这两次电话的时间点把握得非常好。

其次，通过平时的节假日短信祝福以及为客户产品提供的免费维护保养，进一步拉近了与客户之间的距离，提升了客户对该产品的信任度。

最后，随着时间的推移以及徐筠对客户长久周到的关怀联系，彼此之间便产生了一定的友谊情感。在客户需要产品的时候，再次选择甚至长期选择徐筠也就成了理所应当。

从这个案例中我们也可以看出，与客户沟通是一个长期的工作，对“长需”客户，销售人员要想让其成为自己的老客户，不把业绩放手给竞争对手，**销售人员需要在长期的沟通中与客户建立一定的情感基础**。

在现实生活中，我们早就看到，一些做业务的人员经常要与客户吃饭、喝酒，并时不时地要去拜访客户，赠送一些礼品。其目的就是要与客户保持并加深彼此之间的感情基础，保证客户与自己合作的稳定性。

与客户经常保持沟通建立感情基础有很多方法，下面我们列举几点，供大家参考：

第一、建立详细的客户档案以及回访计划表

第一次与客户沟通后，要详细记录客户的状态，并确定第二次的沟通时间以及方式。

第二、与客户保持周期性的通讯沟通

如电话、短信、电子邮件等，特别是节假日的时候，这种沟通方式绝对不能节省。这里需要注意的是“周期性”，沟通不能过于频繁，这样会影响客户的生活，反而会起到不好的效果。当然也不能周期太长，这样不容易给客户留下印象，而且当客户有需要的时候，很容易让竞争对手抢先。所以，合适的周期性很重要。

第三、适时与客户面对面沟通

如亲自拜访客户、请客户用餐，等等，以加深客户的印象，最好的效果是让客户对你产生一种愧疚感。这种方式要与通讯沟通穿插使用，会有更好的作用。

智慧点金

在与客户保持沟通建立感情基础的过程中，不要刻意地推销自己的产品或者附属产品，这样会给客户心理压力，不利于感情构建。与客户的联系沟通要保持适当的“度”，过于频繁或周期太长都会影响沟通的进程。至始至终要以感情投资为主，以长线交往沟通为目的。

Part 8 双赢篇

我们的宗旨：既保证自身的利益，又令客户满意

单独个体的赢只是暂时的赢，而彼此共同的赢，才是长久的赢。在当下社会高速发展的时代，任何形式的合作只有双赢才能共同发展。销售人员与客户的关系也应如此，双赢才是做销售的最好模式以及长久的发展之道。

我赢客不赢，再无第二次

知识链接

赵大妈的儿女都在外地工作，只能自己照顾自己，为了早上能够做一顿营养早餐，这天她准备去超市买一台豆浆机。

在超市看了好几款豆浆机后，一位××品牌的销售人员说："如果您在使用的过程中遇到什么问题，只要一个打电话，我们的售后服务人员就会在8小时内赶到您家里，为您解决问题。"

赵大妈想："自己上了年纪了，腿脚不方便，儿女也不在身边，如果真有问题自己也不用操心。"于是，赵大妈很满意地买下了这款豆浆机。

天有不测风云，不顺心的事偏偏让赵大妈遇上了，有天早上赵大妈正在做豆浆，突然断电了，等电来了之后豆浆机就无法运转了。这时赵大妈想到销售人员说售后会上门来维修，于是便拨打了售后服务电话，并在电话中向售后服务人员说明了情况。

售后："那您把豆浆机拿到售后来吧，我们得进行全面检查，然后免费为您维修。"

赵大妈："当初不是说可以上门服务吗？现在怎么又说要拿到售后呢？"

售后："是不是您听错了，我们公司没有上门维修这项业务，有问题都要客户拿到售后进行维修的。"

赵大妈："怎么可能听错呢，当初销售人员就是这样说的，我给销售人员打电话。"说完赵大妈便开始给销售人员打电话。

赵大妈："你不是说豆浆机坏了之后是你们的人免费上门维修吗？怎么售后服务人员说你们公司没有这项业务啊？"

销售人员："大妈，实在不好意思，可能当天是我介绍错了，把别的产品的服务项目介绍给您了。我现在也没有办法，要不您就拿到售后去吧。"

赵大妈听了之后非常生气，果断地挂断了电话。

之后，赵大妈首先对该销售人员进行了投诉。随后一段时间里，她将自己的遭遇告诉了身边所有的朋友，只要有朋友购买豆浆机她都会极力劝阻不要购买该品牌。

点题

我们都知道"250法则"，它告诉我们在销售中，一个客户背后大约有250位潜在客户。如果销售人员赢得了一位客户，那么他就有可能赢得这位客户带来的250位客户；反之，他将会失去这250位客户。从故事中销售人员与客户之间的交易结果看，销售人员赢得了一定的利益，而客户却没有得到应该享有的利益。所以，她不会在该销售人员处进行二次消费，其次，通过释放心中不满，她会影响身边的250位甚至更多的客户不在该销售人员处消费。

开篇导读

分析销售人员与客户之间的买卖行为，销售人员销售商品的目的是通过与客户的成交，得到应有的经济收入，客户购买商品的目的是希望商品能够发挥其应有的功用，为自己带来相应的利益，或者解决自己的问题。而如果当成交行为发生后，销售人员得到了应有的经济提成，而客户在使用商品的过程中，却没有享受到应有的效益，客户的问题没有或者没有完全解决，这时的局面便是销售人员得到了利益，客户没有或者得到了很少的利益。也就是本节所要说的“我赢客不赢”。

客户有问题没有完全解决，客户就会不满意，那么客户肯定不会在该销售人员处甚至该地方消费第二次。如你和朋友去一家饭店吃饭，结果发现饭菜又贵又难吃还不实惠，出来后个个怨声载道，以后你们肯定不会在这里进行第二次消费，这也就是平常说的“一锤子买卖”。

同样道理，销售人员与客户之间有时候也会发生“一锤子买卖”的现象，其主要原因是客户在购物后，产品或者销售人员让其不满意，因素有很多，如产品质量问题、售后服务问题、销售人员与客户销售结束后的沟通问题等。下面我们对影响客户不满意的主要因素进行解析：

因素一、价格因素

除超市及某些特殊商品外，每个销售人员都明白，自己所销售的产品并不是统一明码标价，而是有上下幅度的。尤其是一些经常跑业务的销售人员，因为客户自身状况及价格谈判时状况的不同，同一个地区同一件商品两个客户会卖出不同的价格。在这种情况下，拿货价格高的客户在知道这种差别之后，必然会选择其他竞品或者销售人员。

因素二、质量因素

这个因素是造成很多 “一锥子买卖”的最大原因，产品在使用的过程中，没几天就出现了问题，而售后服务工作却没有及时的更上，这便让客户感到了失望甚至是恼火，肯定不会与该销售人员进行第二次交易，甚至对该品牌产生排斥感。

因素三、销售人员因素

有些销售人员为了能够尽快将产品销售出去，不负责任地向客户承诺一些条件，或者过分赞美产品性能。一段时间后，客户并没有得到销售人员的承诺，或者产品的性能并没有销售人员所说得那么完美，这时对客户来说会觉得自己的利益受到了损失，甚至产生一种上当的感觉。为此，他也不会进行二次购买。

原理解析

客户付出金钱购买商品的目的就是要解决自己的问题，如果问题不能够得到很好解决，那么他认为自己所付出的金钱是一种损失，随即便会产生一种不公平心理，在这种心理作用下，客户进而会对销售人员或者该品牌产生一种厌恶的心理，在第二次有需求的时候，他必然不会选择该销售人员或者该品牌。

案例分析

王宪是××集团公司的高层领导，性格内向，为人实在。今年30岁出头，可以说是事业有成，已有所作为，他对衣着非常讲究，每次出门必然会好好打扮一番。

近几年事，他慢慢喜欢上了茶道，而且产生了浓厚的兴趣，为此结交了一些很不错的茶友，闲暇时间便会坐在一起饮茶谈道。这几天，王宪小区门口新开了一家规模较大装修豪华的茶店，王宪想，有了这样一个茶店以后买茶叶就方便多了，再也不用跑到5公里之外的茶城去了。

第一次王宪走进了这家茶店。接待王宪的是销售人员小史，他一看进来的这位客户衣着很有讲究，很有派头，立即判断出这是一位不差钱的客户，心想，这次一定能够大赚一笔。

王宪和茶友每次所品的茶，价位都在每斤500元以上，王宪想，这次就换一个品种换一个价位，标准就定在每斤800元，也好多听听茶友对茶的认识。

经过沟通以及小史对茶叶的介绍，小史把一种市场价每斤400元的一般茶叶以每斤800元的价格推荐给了王宪，并说这款茶叶在他们店销量非常不错。王宪因为对茶叶还不是非常了解，所以欣然接受了。

这天周末，王宪约了几个好友来家里品茶，还特意拿出了前几天刚买的茶叶说："今天我们来尝尝这款茶，一定比我们前几次喝的另有风味。"茶友听王宪这么说，个个表现得非常期待。

茶冲泡之后，每个人都喝了一小杯，王宪同样用期待的眼神看着各位茶友，见他们脸上都露出了略皱眉头的表情。王宪奇怪地问：“怎么样，这茶如何啊？”

茶友：“你要听实话还是假话？”

王宪：“当然是实话了。”

茶友：“说实话，这茶很一般，茶城到处都是这种茶，最多400元一斤，近几年已经很少有人喝这种茶叶了。”

王宪露出了惊讶的表情：“啊！这可是我800元一斤买的茶叶呀，而且销售人员给我说这是中上等茶叶，不行，我得找他去。”

茶友：“哎！还是算了，你找也没用，茶叶这东西就跟饭店买的烩面一样，有的饭店卖5元，有的饭店卖50元，说不清楚。以后不去那家店买就行了。”

这件事情就这样过去了，之后，王宪每次都去5公里以外的茶城去购买茶叶，并且是在固定的一个茶店。因为那里有一位销售人员不但懂茶道，王宪每次还都能够拿到价格公道质量上乘的好茶。

分析该案例，销售人员小史在看到客户后，进行了“以貌取人”，这在销售工作中本没有错，因为销售人员从客户衣着可以获得更多的客户信息，有助于进一步了解客户，目的是为了促成与客户成交。但是销售人员小史的出发点错了，他利用获得的这些信息为客户介绍了物不美价不廉的商品，这就违背了客户购买商品的初衷与意愿。在商品成交后，“你赢客不赢”的事实便发生了。

也许有的销售人员认为，如果客户是拿这些茶叶送人，或者客户不懂茶，而且是自己喝的话他就不会觉得“不赢”，那么他依然会进行第二次光顾，然而，客户第一次不懂商品，并不意味着第二次、第三次也不懂商品；此外，如果是送人，终究会有露陷的那一天。所以，作为一名优秀的职业销售人员，这种想法是不可以存在的。

作为消费者，生活中这样的事情每个人都曾近遇到过，出差住酒店服务不满意，第二次我们就会选择别的酒店；快递员第一次服务态度恶劣，第二次我们就会选择别的快递公司；在服装店购买衣服时被销售人员忽悠，我们绝对不会再次光顾这家服装，等等。

作为销售人员，如果每一个客户都像上述所说的一样，在第一次消费后就"永不回头"，那么要想取得较好的销售业绩难度是可想而知的，甚至可以说是不可能的。因为，如果是这样，销售人员需要每天时时刻刻开发新客户，而这样的销售思维是最原始、效果也不怎么明显的销售模式，已不再适应当代的市场机制。

智慧点金

这是一个竞争激烈的时代，同时这也是一个高度紧密合作的时代，没有一个人希望自己是输家。在销售工作中，销售人员应该把解决客户问题放在销售工作的第一位，客户的问题解决了，才能保证与客户第二次、第三次合作，销售人员的利益才会被不断无限放大。

客赢我不赢，成交终有时

知识链接

陈晨是××大学大四的学生，这天去超市，看到超市有些商品在做活动，回来的时候手上大包小包地拎了一堆东西。

舍友：“你怎么买了这么多东西呀？”

陈晨：“超市有活动，这个薯条买一送一，你说我能错过吗？”

舍友：“你不是不喜欢吃薯条吗？”

陈晨：“东西便宜、实惠，而且都是大牌子，买点吃吃也无妨，呵呵。”

舍友：“咦，怎么还有泡面啊，你上次买的不是还没有吃完吗？你这要吃到什么时候呀。”

陈晨：“放下慢慢吃呗，你别看这么多，其实很便宜的，现在买一箱，等于我平时零买时的半箱，你说划算不划算，对了，想吃泡面来我这里拿啊，免费供应。”

舍友：“行，没问题，以后吃泡面就找你了。你可真是败家，一次买这么多餐巾纸，是不是连明年的都买了呀！”

陈晨：“正好赶上做活动价格很便宜，反正早晚都要用，同志们，以后一起用！”

舍友们：“陈晨你是我们的好同志，我们就需要你这样的舍友……”

点题

客户都有喜欢购买物美价廉商品的心理，都喜欢在购买商品的过程中赢得最大的利益，如故事中的陈晨，他之所以会买那么多东西，是因为他觉得在这次购物中他是赢家，占了便宜。下次如果还有这样的活动，陈晨肯定还会一如既往参加。

正因为客户有这种心理，所以很多销售人员采用了“客户赢我不赢”或者“我少赢”的策略，扩大自己的客户资源，然而，这个策略如果长期使用，客户资源虽然会扩大，但销售人员如果把握不好“度”，必然会影响自身的利益以及企业的发展。

开篇导读

做销售工作的人，大多数销售人员的经济收益模式是：基本工资+提成+奖金。而提成的多少是由销售人员所销售出去的产品价格与数量决定的（大多数产品销售人员都有一定的降价权限），奖金是根据公司的业绩及销售人员的业绩决定的。

也就是说，销售人员销售出去的产品价格越高、数量越多，他的收益就会越多，而这两个因素通常是成反比的，**通常销售人员产品卖的价格越高，客户就会减少，相应地销售数量就会减少；相反，产品卖的价格越低，客户就会增多，销售数量就会增加**。那么，这两种模式哪一种更好呢？

当下，各个行业的竞争已经越来越激烈，产品与产品之间的竞争已经愈演愈烈，在这种情况下，要想在市场中占有一席之地，必须拥有大量客户，所以，降低产品价格（利润）来提高客户的占有量便成为很多销售人员乃至企业的常用之法。例如，同样一类商品，有的销售人员卖100元，有的客户卖120

元，在质量功能基本相同的情况下，客户必然会选择前者。因此，前者销售人员就会拥有该客户。当然，在销售人员使用此方法占有客户资源时，自己的经济收入相对来说是减少的。

然而，作为销售人员，工作的目的就是为了赚钱，如果为了占有一定的客户资源，初期低价出售商品是可取的，但长时间使用此方法，一方面会扰乱市场秩序；另一方面也会给自己带来不好的影响。因为低价出售，与同类产品相比，无形中会降低档次。随着竞品的不断完善，销售成本不断提高，销售人员的收入会越来越少，随着时间的推移以及这种模式的继续，销售人员的压力会越来越大。

此外，如果销售人员将产品降到自己权力范围内的最低价进行销售，或者将自己销售产品的利润去掉，以后要想把产品回到应有的市场价位将会成为一件很难的事情。

因此，“客赢我不赢”这种模式虽然短期会赢得一定的客户资源，但终究是有时效性的，销售人员应尽量少用，或者在运用的过程中需要掌握一定的要领。

原理解析

销售人员将更多的利益让给客户，自己得到很少或放弃应得利益，一方面销售人员可以得到更多的客户资源；另一方面，由于客户长期对这种“赢”的依赖性，销售人员要想转为与客户共赢的模式，将会变得困难。因此，这种销售利益模式不会长久存在。

案例分析

李辉今年刚刚大学毕业，为了锻炼自己的交际能力，他选择了销售行业。

他所在的公司是一家销售服装的贸易公司，主要为全国各服装经销店批发中高档服装。他的工作职责是负责西北地区客户开发、维护及服装销售工作。

经过公司一个月的职业培训后，他只身一人来到西北地区开发新客户，维护以往的老客户。公司根据该地区的市场情况规定不同服装的销售价格区间，如某件货的销售区间只能在800～1000元，低于或高于这个价格区间的报价公司都是不允许的。如果李辉以800元批发，他将拿不到销售提成，只能拿到基本工资，而如果他以1000元批发，他将拿到最多的销售提成。

李辉经过对该地区半个月的市场调查后，他发现同类产品非常多，且批发价格也非常低，如他原本打算每件1000元销售的货物，质量、款式都差不多的竞品只需要900元，甚至有的商家更低。在这种情况下，李辉不但无法开发新客户，甚至一些前销售人员开发的老客户也在不断流失，为此，他焦虑不已。

俗话说："初生牛犊不怕虎。"他想："如果我将价格压到最低，不就可以赢得更多的经销商来我这里进货，等积累一定的客户后，我再慢慢提升价格，就可以完全打开市场。"想到这里，他说干就干，第二天他就将某产品的价格调到了每件810元，这样一来，他除去租房、吃饭及各种开销费用，自己只能拿到微弱的基本工资。

如李辉想象的一样，消息一出，果然很多经销商都来他这里拿货，不到一个月的时间，他的客户资源由原来的十几家剧增到了一百多家，当然，这段时间也是他生活最艰苦的时间。又过了一个月后，他实在无法再坚持这样的销售模式，因为给予客户的价格太低，他自己根本无法获得太多的销售收益。于是，他找到了客户当中几家较大的经销商进行谈判。

李辉："各位老板好，你们看这几个月来我给你们货的价格是市场上最低的，我们几乎是在亏本做生意，我希望能够把价格提升一下。"

客户A："提升价格不好吧，为了与其他品牌竞争，我们已经将价格压到最低了，如果你提升进货价格，我这边的销售价格也必须提升，客户估计不会买单吧！”

客户B：“是啊，都销售好几个月了，你突然提升进货价格，恐怕以后我们也不好做呀！”

就这样，大家七嘴八舌地讨论起来，而最后的结果是，销售商宁可不卖李辉的产品也不同意李辉提升价格。无奈，李辉只得辞职。

看完这个案例后有的销售人员可能会觉得很可笑，哪有这样的销售人员，销售不为赚钱，这不是傻子做的事情嘛！事实上，在销售工作日益复杂的今天，不管是终端销售人员还是厂家的销售人员，有部分销售人员确实这样做了。

如有这样一位汽车销售人员，公司规定的最低价是13万元，也就是说以13万元出售，公司可以赚到少量的利润，而销售人员是没有任何利润的。有位客户说：“你13万元卖给我，我还有两个朋友也需要这车，到时候我也介绍给你。”为了完成销售量，该销售人员卖了。结果这位客户介绍过来的两位客户也要求13万元，因为他们认为你既然能给别人13万元，为什么就不能给我13万元卖呢？这时销售人员是卖还是不卖呢？如果你卖，公司利润减少，老板不高兴，而你也没有任何销售提成，也是无意义的事情。如果你不卖，客户将会丢失。因此，这种销售模式最终会被终止。

当然，案例中销售人员李辉的初衷是没有问题的，他只是想拥有一定的客户量，而方法却是有问题的，任何一种模式的长久交易都不可能建立在一方赢而一方不赢的基础上。如果当时该销售人员采用别的方法开发客户资源，如提高售后服务质量，或者适当降低价格，或者两者结合使用，都可以达到拥有一定客户量的目的。

智慧点金

销售人员最好不要使用“客赢我不赢”的方式扩大客户资源或者提升销售量，这样会让自己很被动，如一定要使用，后期必须要有一种策略恢复与客户达到双赢的局面，如产品的升级、更新换代，或者服务的完善等。

你赢，我赢，大家赢——常来常往

知识链接

李俊和曹丽是一对年轻夫妻，结婚之后，他们经常为吃饭犯愁，因为结婚前他们俩在各自家里都没怎么做过饭，只会做一些简单的饭菜，吃的时间长了也没胃口，而一些美味复杂的饭菜又不会做，去外边吃吧，消费太高，这个问题一度纠结了他们很长时间，但是后来却被曹丽解决了。

一天，曹丽像平时一样去超市买菜，在蔬菜区立着一个很显眼的牌子，上面写着："一餐仅需15元。"在这几个大字下面写着几份详细的菜单，如肉炒蘑菇，需要哪些材料，各需要多少克；红烧鸡块，需要鸡多少克、其他材料多少，等等，有些还把做某种菜的所有配料打包在一起，消费者只需整包买回去，按照顺序烹饪就可以做出一份可口的饭菜。

看到有这样的服务，曹丽异常高兴，随即按照菜单的说明买了做菜的材料，也买了几份打包好的材料，回去准备烧制。

傍晚李俊下班回家后看见曹丽坐在沙发上在看电视，疑惑地问："怎么，今天不做饭了，准备去外边吃啊？"

曹丽："饭早做好了，就等你呢，等着我去端菜。"

李俊："今天速度这么快。"

一会儿，曹丽就将做好的饭菜端到餐桌上，李俊一边从客厅往餐厅走一边说："嗯，今天的菜做得很香啊。"

走到餐桌旁一看饭菜，惊奇地说："呀！今天的菜这么丰盛，还色香味俱全，看来你最近对做菜下了很大功夫啊，老婆辛苦了。"

曹丽笑而不答，心想："我哪有下很大功夫，做菜实在是太简单了。"

此后，曹丽每天都去这家超市买菜，俗话说："要抓住男人的心，就要抓住男人的胃。"因为曹丽的菜越做越好，越来越丰盛，夫妻之间的关系也越来越好。

点题

对曹丽来说，超市为曹丽带来了更多方便，因此曹丽长期选择了在这家超市消费；对超市来说，因为曹丽长期消费，为超市带来了长期利润。超市的成功在于站在了客户的角度思考问题，想客户所想急客户所急，从而实现了双方的共赢。

销售工作也是如此，要让业绩倍增，我们亦需要站在客户的角度分析客户的需求，努力解决客户的一切问题，与客户达成长久的常来常往，合作共赢。

开篇导读

在产品高度同质化的今天，具有垄断性的企业或者商品已经越来越少，每一个产品身边都有成百上千的产品与其竞争。同时，单打独斗的时代早已远去，毕竟个人力量总是有限的。于是，便有了我们即将要讨论到的"共赢"。

每个销售人员在从业前都对自己的未来描绘了美好蓝图，希望能够在销售中出人头地，过关斩将，在销售中过上富足的生活，这本是很正常的事情，但很多销售人员在操作中却变得很难，其主要问题在与客户的合作问题，这一点主要集中在经销商与厂家销售人员之间。

大家相信“客户就是上帝”，但有的销售人员却与客户玩虚的，糊弄上帝，表面是“上帝”而心中却未当做“上帝”，所以就有了“我赢客不赢”，这样，客户绝对不会和销售人员进行第二次合作。而有的销售人员把“上帝”当做“上帝的父亲”，甚至忘记了销售中的交换法则，于是便有了“客赢我不赢”，我们从上一节可以看出，这种销售模式终究也会失败。

销售人员与客户之间应该是互惠互利的关系，如销售人员与经销商之间，销售人员能够提供足够好的产品与服务，经销商才有利可赚。经销商只有将产品销售出去，销售人员才会有销售提成可拿，这两者之间无论哪一方出现问题，都会给另一方造成损失。相反，如果两者之间能够很好合作，在战略上达成共识，双方都可以从产品中得到最大的利益。所以，要做好销售工作，首先要有一个共赢的态度，端正共赢的观点。

原理解析

一件事情靠一个人的思维与力量去做，一天可以完成，而让精诚合作的两个人用共同的思维与力量去做，也许三个小时就能完成。在优势合作中，1+1永远大于2。销售人员与客户也是一个合作的关系，而这个合作结果是不是能够大于2，对销售人员来说关键在于其经营。

案例分析

丰田有一款叫LEXUS（雷克萨斯）的车系，在设计这款车时，设计人员在一些发达国家居住两年，了解他们的生活习惯，对汽车性能、外观、销售、服务等要求，最后才设计成功并推向市场。

在20世纪80年代中期，雷克萨斯车系在美国上市。虽然该车型从设计、动力及售后都尽善尽美，但由于市场对该车型的优越性、售后服务的完美性还不是很了解，所以遇到了前所未有的“冰冷期”，经销商的日子很是难过。当时厂家有一位销售人员叫杰森，负责该车系在美国的销售工作。

面对这种情况，他首先与厂家营销部门进行沟通，制定营销策略，主动请缨驻扎当地，帮助经销商一起积极开拓市场。半年之后，销量终于有了好转。

此后，为了让经销商能够及时解决在销售过程中遇到的问题，他与经销商积极联系，适时沟通该车系的生产、销售库存以及所存在的问题，这给经销商的工作带来了很大的方便。

杰森对经销商总是坦诚相待，在合作中彼此之间也出现了很多问题，如配件的索赔问题、在运输过程中的刮蹭问题、厂家的返点问题等，但他始终抱着互惠互利的态度，总能够通过协商得到很好的解决。

通过杰森与厂家的共同努力，很快该车系在美国市场站稳了脚跟，销售量节节攀升。经销商从中尝到了点头，销售的动力越来越大。同时，杰森除了得到丰厚的销售提成外，厂家还单独奖励了一笔不菲的奖金。

分析该案例，我们且不说丰田品牌如何如何，销售人员杰森的做法让自己、经销商以及企业都获得了利益，达到了真正意义上的共赢。

首先，该公司在设计该车系时，派设计人员在目标客户群当地居住，了解他们的生活习惯以及对车的需求。做到了从客户的角度出发，为客户着想的理念。

其次，在该车系销售的瓶颈时期，杰森积极主动联系厂家营销人员，协商对策，与经销商一起开发客户，为共赢做了一个很好的引导。

最后，为了提高经销商在销售该车系的过程中及时解决问题，杰森积极且及时地与经销商沟通，为经销商提供相关信息，遇到问题诚恳沟通，坦诚相待，充分体现了销售人员杰森的共赢理念。

通过以上三点，杰森与客户经销商之间达到了共赢，双方都从中获得了一定的利益。那么，作为销售人员，我们在工作中如何做到共赢？在操作中应该注意哪些问题呢？

问题一、让一般合作关系出现共赢的新意

很多时候销售人员与客户之间的合作关系只是一种普通的利益交换。这种合作共赢彼此得到的利益是有限的，销售人员需要采用一些有效的方法将这种共赢关系升级。如案例中杰森及时为经销商提供产品信息，一方面加深了彼此之间的合作关系；另一方面可以让共赢更大化。

问题二、用实际利益赢得与客户之间的互相信任

共赢的基础首先是信任，在与客户合作的前期，对客户遇到的问题要及时解决，服务要及时到位，与经销商之间的合作，经济往来更要及时准确，给予客户的承诺一定要实现等。

问题三、不失时机地推进合作关系发展

在与客户合作的过程中，随时可能会出现让彼此之间的合作更加紧密、壮实的机会，比如客户带着朋友来消费，销售人员给足客户面子，提升客户对销售人员及产品的信任感；经销商开了分店，销售人员要及时祝贺并提出建设性的意见等。除外，销售人员还可以寻找制造机会推进与客户之间的合作。

问题四、运用排他性合作方式或机制

这里涉及一个竞争问题，实际上，市场的需求是有限的，同一类商品，客户买了别人的，就不可能再买你的。如客户只需要一台电视，他买了A品牌，必定不会买B品牌。所以，要将共赢稳定下去，销售人员与客户之间的合作关系需要一种排他性的方式或者机制。销售人员与经销商的合作中，在合作政策上可以优于竞争对手，也就是说客户与你的合作要比与竞品的合作更加有优势。

通过以上四点，销售人员不但可以与客户共赢，保持常来常往，还可以将这种共赢最大化，在共赢中双方都取得最大的利益。

智慧点金

做大、做强的企业都是在共赢中发展而来的，长久、稳定的销售工作都是在与客户的共赢中形成的。任何时候都需要站在客户的角度考虑问题，让客户看到你能够帮助他获得利益或者解决问题，这便是共赢的基础。